Frage dein k

Patricia Rüesch

Frage dein
Krafttier

Heilende Botschaften für alle Lebenslagen

Mit einem Vorwort von
Prof. Dr. Eligio Stephen Gallegos

Kösel

➤ **Hinweis:**

Die Empfehlungen und Vorschläge in diesem Buch machen mit Imagination bzw. der Arbeit mit Krafttieren vertraut und dienen der Selbsterfahrung und Selbsthilfe. Sie sollen jedoch medizinischen Rat nicht ersetzen. Autorin und Verlag weisen darauf hin, dass im Zweifelsfall, bei akuten Schmerzen oder anhaltenden Beschwerden für eine korrekte Diagnose und entsprechende Behandlung stets ein Arzt, Heilpraktiker oder eine andere qualifizierte Fachperson aufgesucht werden muss.

Alle in den Fallbeispielen genannten Namen wurden aus Gründen des Persönlichkeitsschutzes geändert.

Mix
Produktgruppe aus vorbildlich bewirtschafteten
Wäldern und anderen kontrollierten Herkünften
www.fsc.org   Zert.-Nr. GFA-COC-1262
© 1996 Forest Stewardship Council

Verlagsgruppe Random House FSC-DEU-0100
Das für dieses Buch verwendete FSC-zertifizierte Papier *Munken Print*
liefert Arctic Paper

Copyright © 2006 Kösel-Verlag, München,
in der Verlagsgruppe Random House GmbH
Umschlaggestaltung: Sabine Fuchs, München
Umschlagmotiv: zefaimages/masterfile/Jeremy Woodhouse
Illustrationen im Innenteil und auf der Umschlagrückseite:
Annette Roeder, München
Druck und Bindung: Pustet, Regensburg
Printed in Germany.
ISBN-10: 3-466-34494-8
ISBN-13: 978-3-466-34494-9

www.koesel.de

Eines Tages, als die letzte Patientin die Praxis verlassen hatte, betrachtete ich meine vier Wände und dachte: »Was für ein Jammer, dass niemand erfährt, welch erstaunliche Ereignisse in diesem Raum geschehen! Man müsste sie allesamt hinausposaunen, unüberhörbar, in die Straßen, in die Stadt, ins Land!« Dieser Gedanke war der Ursprung des vorliegenden Buches. Hinaus in alle Welt soll die Botschaft, dass durch den Kontakt zu geistigen Tieren seelische wie auch körperliche Beschwerden geheilt werden können.

Aber lassen Sie mich nun von Anfang an erzählen, eins nach dem andern, und lassen Sie sich nicht entmutigen, wenn Ihr Verstand dabei nicht immer folgen will. Das Verstehen vollzieht sich in einer tiefen Dimension inneren Wissens, das sich uns in Form von Bildern zeigt.

Patricia Rüesch,
im Frühjahr 2006

Inhalt

Vorwort (Prof. Dr. Eligio Stephen Gallegos) 11

Über eine wenig bekannte Fähigkeit des Menschen 13

    Ist das denn menschenmöglich? 13
    Eine neue Sicht des Lebens 16
    Innere Bilder – Zugang zum Unbewussten 18
    Wir sind weiser als wir denken! – Hymne an die Imagination 20
    Die Weisheit aus sich selbst schöpfen 21
    Heilung ist allgegenwärtig 23
    Krafttiere? – So normal wie Luft und Licht 25
    Krafttiere stellen sich vor 29
    Respekt 31
    Wie geht das nun? 34
    Was Krafttiere bedeuten 45
    Omnipotente Heilkraft 46
    Unsere Heilkraft ist immer für uns da 48
    Was uns fehlt, wird uns gegeben 48
    Das richtige Bild zur richtigen Zeit 50

Die Medizin der Krafttiere 51

Auf die Sprache des Körpers achten 51
Die Lautstärke der Körperstimme 52
Vom Sinn der Krankheit. 55
Krafttiere aktivieren die Selbstheilungskraft 57
    Blasenentzündung. 57
Hinter jedem Leiden wartet eine Heilgeschichte 60
    Kopfschmerz. 62
Krafttiere sind die inneren Heilungsexperten 63
    Bettnässen 63
Die Medizin ist *in* uns! 67
    Neurodermitis 68
Die Sackgasse des schlechten Gewissens und der
Sprung hinaus 69
    Beinschmerzen 70
Krafttiere – immer im Handgepäck 72
    Flugangst 72
Vertrauen in die Imagination macht das Unmögliche
möglich. 73
    Das Ungeborene in eine neue Lage bringen 74
Krafttiere arbeiten vorwärts orientiert 75
    Angst vor der Geburt. 75
Krafttiere wissen, was wir brauchen 77
    Hautausschlag 77
Innere Bilder sind mehr als nur »innere Bilder«! 80

Was Kinder mich lehrten 83

Gedanken über »anstrengende« Kinder........... 83
    Nadja klammert sich an ihre Mutter 84
Vom Wert des Spielens...................... 87
    Filippo, ein unruhiges und unkonzentriertes Kind.... 87
Das freie Spiel 90
    Mangelhafte Schulleistung.................... 91
    Aggressionen verwandeln 94
Freies Zeichnen – Heilzeichnen 98
Warum Stofftiere wichtig sind 100

Krafttiere helfen uns, innerlich zu wachsen 105

Krafttiere sind Führer auf dem Lebensweg......... 105
Der Alltag serviert uns die Chance zu wachsen..... 109
    Abhängigkeit von Männern und die wiedergewonnene Selbstständigkeit 110
Krafttiere verändern unsere Gefühle positiv........ 113
    Verbitterung 113
Krafttiere führen uns zu uns selbst 116
    Übergewicht 117
Böse und hässliche Tiere – Schattenseiten und Wachstumsmöglichkeiten 120
Träume – die Bühne der Imagination 121
Die Wahrnehmungsfähigkeit erweitern............ 122

Ein Wort zum Schluss 125

Wo Krafttiere helfen können –
Themen von A – Z 126

Eigene Notizen 133

Diese Geschichte muss einfach noch sein 142

Adressen 143

Vorwort

(Prof. Dr. Eligio Stephen Gallegos)

Die heutige westliche Kultur lehrt, dass Wissen nur von außen kommen kann, von Lehrern, Büchern, Autoritäten und von der genormten Wissenschaft. Was in dieser Philosophie vernachlässigt wird, ist das Wissen über die tiefe innere Dimension eines jeden Einzelnen, die darüber Bescheid weiß, wer wir in unserer tiefen lebendigen Wurzel eigentlich sind. Sie ist eines der Geschenke an uns, das die Einzigartigkeit eines jeden Menschen ausmacht. In der Kindheit – vor allem mit dem Schulbeginn – geht dieses angeborene Wissen verloren, da wir fühlen, dass es nicht länger geschätzt wird, und wir verschließen unsere Tür zu ihm.

Patricia Rüesch hilft durch ihre Arbeit anderen Menschen, den Schlüssel zu dieser Tür wiederzufinden. Öffnen wir diese Tür, werden wir unseren inneren Reichtum neu entdecken. Dann können wir unsere eigene tiefe Lebendigkeit leben und jeden einzelnen Moment genießen. Äußere Schwierigkeiten werden zu Gelegenheiten, innerlich zu wachsen und Verletzungen transformieren sich in Stärke. So können wir uns bei uns selbst und bei anderen zu Hause fühlen.

Patricia Rüesch beschreibt viele ausgezeichnete Beispiele ihrer Heilarbeit mit Patienten, die körperliche Krankheiten haben. Sie zeigt auf, wie Krankheitssymptome von innen heraus geheilt werden können – auch dann, wenn von außen nichts mehr helfen kann. Sie spricht auch über Probleme bei Kindern. Sie werden entdecken, dass dieses Buch Ihnen hilft, Ihre eigene innere intuitive Weisheit um Rat zu fragen, wenn es Probleme mit Ihrem Kind gibt. Aber es weist ebenso einen Weg, Kindern selbst einen Zugang zu ihrer inneren Dimension zu zeigen, welche nur sie selbst kennen.

Gleichzeitig beschreibt sie in diesem Buch auch ihren eigenen Wachstumsweg und was alles sie als Heilerin in all den Prozessen bei sich selbst entdeckt hat. Sie tut dies in einer leicht verständlichen Form.

Dieses Buch sollte jeder lesen. Sie spricht zu jedem Menschen, der schon mit Problemen gerungen hat, für die es keinen Ausweg zu geben schien. Sie führt den Leser sanft zur Lösung, die jeder Einzelne in sich trägt.

Über eine wenig bekannte Fähigkeit des Menschen

Ist das denn menschenmöglich?

Der Orang-Utan schaute mich mit breitem Grinsen an. Meine Stimmung heiterte sich auf, auch in mir entstand ein Grinsen, eine übermütige Laune. Ich lag mit geschlossenen Augen auf der Matte. Franz hatte mich aufgefordert, mit meinem inneren Auge zu schauen. Da stand er, über jeden Zweifel erhaben, groß, dunkelorange, mit langhaarigem Fell und dem unverkennbaren großen flachen bläulichen Gesicht: der Orang-Utan. Dies geschah am Ende einer Psychotherapiestunde zu Beginn meiner eigenen Praxis als Heilpraktikerin und Homöopathin. Ich war kaum 27-jährig und noch sehr jung, um allen Herausforderungen einer Heilpraktikerpraxis gewachsen zu sein.

Deshalb wollte ich mich besser kennen lernen, wollte meine innere Entwicklung fördern, um stark zu werden.

Ich verließ den Therapieraum und merkte dabei unweigerlich, dass alles nicht so war wie sonst. Zwar hatte ich in vorangegangenen Sitzungen bereits Tiere gesehen – etwa eine Schlange oder einen Fuchs –, aber kaum hatte ich die Augen geöffnet, waren diese Bilder jedes Mal verschwunden. Diesmal spürte ich jedoch ganz deutlich, dass der riesige Affe noch da war. Er begleitete mich zur Tür. Ich setzte mich aufs Fahrrad und fuhr gemächlich in meine Praxis zurück. Der Affe kam mit! Er hatte sich – in meiner Vorstellung – im Damensattel auf den Gepäckträger gesetzt und schwenkte dabei frisch fröhlich seine langen Beine schwungvoll hin und her. Ich musste lauthals herauslachen – und das mitten auf der Straße. Dieses Bild war einfach zu witzig!

Ich erreichte meine Praxis und wollte mich an die Arbeit machen – so hatte ich mir dies jedenfalls vorgestellt. Der Affe jedoch hatte etwas anderes mit mir vor. Er machte jede Konzentration zunichte, indem er mich unaufhörlich neckte. »Na gut, wenn du etwas von mir willst, so nehme ich mir eben Zeit für dich«, dachte ich mir und richtete mich bequem auf dem Boden ein. Er kam und legte Buchstaben auf meinen Bauch. Ein A, ein N, ein H, ein A, ein L, O, N, I und ein A. Ich merkte mir das Wort, das da entstand: *Anhalonia,* und dachte darüber nach, ob dies eventuell ein homöopathisches Mittel sein könnte.

Etwas später war ich in einem Restaurant verabredet. Ahnungslos ging ich hin, und da war er wieder – mein inzwischen vertrauter Orang-Utan – voller Heiterkeit. Er erlaubte sich, über die Tische zu hüpfen, sich am Terrassengeländer herumzuschwingen. Ich lachte in mich hinein – ich konnte gar nicht anders. Es war so lustig, zuzuschauen!

Ist das denn menschenmöglich?

Zurück in der Praxis, blätterte ich neugierig in Arzneimittelbüchern auf der Suche nach dem Begriff Anhalonia. Tatsächlich, es gab ein Heilmittel, das *Anhalonium* heißt! Bei den Indianern ist es als *Peyotl-Kaktus* bekannt und wurde von einigen Stämmen bei religiösen Zeremonien verwendet. Unglaublich, was ich las: »Dieses Mittel ist in der Lage, ganz spezifische Bereiche des Gehirns zu aktivieren, diejenigen Bereiche nämlich, in denen die höheren und höchsten Hirnfunktionen angesiedelt sind, also das, was wir meist den spirituellen oder genauer gesagt, den transzendenten Teil unserer Existenz nennen. ... Es entsteht eine vertiefte Einsicht in die inneren Vorgänge der individuellen Seele, sowie ein erweitertes Bewusstsein seiner selbst. Das Körperbewusstsein ist ebenfalls erweitert. Das Individuum entwickelt hellseherische und manchmal prophetische Verhaltensweisen. ... Der Geist ist außerordentlich klar und in der Lage, komplexe innere Themen wahrzunehmen ...«

Ich war aufgeregt – welch spannende Information! Aber ich konnte nichts damit anfangen. Was ist mit Anhalonium, weshalb bringt mir der Affe diese Information? Bringt er mir ein Heilmittel, das ich gebraucht hätte? Hätte ich es einnehmen sollen?

Ich weiß es nicht, denn damals hatte ich noch nicht gelernt, auf die Tiere zu *hören* und sie zu fragen, wenn ich etwas nicht verstanden hatte. Ich wusste noch nichts von der *Möglichkeit einer gegenseitigen Kommunikation*. Ich spürte in mir jedoch eine tiefe Faszination über ein Phänomen, dem ich begegnen durfte. Dieser Affe hatte offenbar Zugang zu einem Wissen, das unvergleichlich umfassender war als das meine. Und ich spürte auch, dass Anhalonium etwas ganz Besonderes war; es hatte viel mit meiner

Person zu tun oder vielmehr mit einem Potenzial in mir. Es beinhaltete eine Dimension, die ich nicht formulieren, sondern nur erahnen konnte.

Noch heute bin ich zutiefst bewegt von der Begegnung mit dem Affen, seiner Lebendigkeit und sprudelnden Lebensfreude, seiner Hartnäckigkeit mit dem Wunsch nach Gehör, damit ich empfangen konnte, was er für wichtig empfand. Es war auch erstaunlich, wie schnell sich seine gute Stimmung auf mich übertrug, mich veränderte und mich zum Lachen brachte. Es war einfach einzigartig, humorvoll und weckte in mir etwas, das ich wohl ein Leben lang nicht mehr vergessen werde.

Eine neue Sicht des Lebens

Als ich das nächste Mal zur Therapie fuhr, erzählte ich Franz von meinem Erlebnis mit dem Orang-Utan. »Meinst du, ich spinne?«, fragte ich ihn zum Schluss. Er lachte und sagte leichthin: »Das tun wir doch alle ein bisschen.« Er erwähnte das Wort *Krafttier*, aber zu jener Zeit konnte ich damit nicht viel anfangen.

In einer weiteren Sitzung tauchte der Orang-Utan von Neuem auf, indem er sich auf eindringliche Weise an meinen Augen zu schaffen machte. Dieses Erlebnis wühlte mich auf und blieb mir lange Zeit rätselhaft.

Nun, fünfzehn Jahre später, weiß ich viel mehr über geistige Bilder und diese so genannten Krafttiere. Jahre später verstand ich auch intellektuell, was damals mit mir geschehen war: Der Orang-Utan hatte sozusagen »meine Augen ausgetauscht«, dadurch begann sich meine *Sicht-(weise)* zu verändern, also die Art, wie ich die Wirklichkeit wahrnahm. Das war wohl auch gut so. Eine Kollegin, die ich seit der Gymnasialzeit kannte, meinte Jahre später: »Diese Imaginationsarbeit tut dir gut. Früher erschienst du mir wie eine sauber aufgeräumte Küche, jetzt wirkst du viel lebendiger!«

Franz drängte mich damals, 1994, das erste in der Schweiz stattfindende Seminar mit *Eligio Stephen Gallegos* zu besuchen. Dieser bot an, eine Woche lang in Gruppen mit den Krafttieren der sieben Haupt-Chakras (Energiezentren des Körpers) zu arbeiten. Stephen ist der Gründer der in diesem Buch beschriebenen Methode »*The Personal Totem Pole Process*«. Er erwarb seinen Doktortitel im Fach Psychologie an der Florida State University und arbeitete viele Jahre als Psychologie-Professor an der Mercer University und als Therapeut mit Ausrichtung nach C.G. Jung. In einem visionären Augenblick entdeckte er die Krafttiere und entwickelte daraus eine Methode. (Darüber ist ausführlich in seinem ersten Buch *Indianisches Chakra-Heilen*, Erd Verlag, München 1991, Originaltitel *The Personal Totem Pole*, zu lesen). Sein wichtigstes Anliegen ist es, den Menschen zu seiner Ursprünglichkeit und Ganzheit zu führen.

Glücklicherweise überwand ich meine Ängste, Teil einer solchen Gruppe zu sein. Ich lernte Stephens Art zu arbeiten kennen und auch den damaligen Übersetzer *Christian Lerch*, der mich später in dieser Methode ausbildete.

Innere Bilder –
Zugang zum Unbewussten

Die Frage drängt sich auf, ob es Sinn macht, sich mit seinen inneren Bildern zu beschäftigen. Ja, gibt es einen wirklich einsichtigen Grund, sich auf seine eigene, spontan auftretende Vorstellungswelt einzulassen?

Fühlen Sie sich manchmal schlecht und wissen sich nicht zu helfen? Leiden Sie an Beschwerden und möchten Sie sich aus eigener Kraft davon befreien? Haben Sie sich schon Unterstützung gewünscht, um eine Herausforderung zu bewältigen? Oder um Klarheit zu erlangen? Haben Sie Träume, die Sie verstehen möchten?

Ihre inneren Bilder können Ihnen bei all dem helfen! Wie ist das möglich?

Unsere Orientierung nach außen hat uns viel gebracht, aber uns auch vom Wesentlichen entfernt. So haben wir vergessen, wie wir mit unserem Unbewussten Kontakt aufnehmen können. Denn im Unbewussten liegen die Antworten bereit, die wir in den Büchern suchen, uns von Experten wie Ärzten, Naturheilkundigen, Therapeuten erhoffen oder trotz mancherlei Grübeleien nicht finden.

Wie aber gehen wir nun den Weg zu unserem Unbewussten? Und was ist das eigentlich, dieses Unbewusste? Wie erfahren wir, dass es existiert, da es doch un-bewusst ist? Ich schreibe hier nicht als studierte Psychologin, sondern als erfahrene Heilpraktikerin. Das Unbewusste erscheint mir als eine Art Depot der uns allzeit begleitenden Gefühle, Erlebnisse, Erfahrungen – positive wie negative. Wir beherbergen all das in unserem Inneren, können es jedoch bewusst häufig nicht wahrnehmen. Das Depot bleibt uns verschlossen, verborgen, verdeckt. Dies gilt vor allem auch für schmerzhafte Erfahrungen, seelische Verletzungen. Alles, was für uns in unserer (frühen) Kindheit und im restlichen Leben »too much« war oder was wir einfach nicht fühlen wollten, haben wir vergessen und ins Lager gelegt. Und das war auch gut so, denn es half uns zu überleben. Das Deponieren ist ein Schutzmechanismus, der bestens funktioniert. Nur hat das Ganze einen Haken: Die Erlebnisse befinden sich weiterhin im Depot. Dort »rosten« sie über die Jahre hinweg vor sich hin, und hie und da machen sie sich wieder bemerkbar: Ungelöstes meldet sich zum Beispiel in Träumen, oder alte Traumata und daraus entstandene Sicht- und Verhaltensweisen können geistige, psychische oder körperliche Beschwerden hervorrufen.

Innere Bilder sind die Brücke zu unserem Unbewussten und zugleich sind sie eine Art Sprache, Ausdruck oder Spiegel des Unbewussten.
Und sie sind noch weit mehr: Die inneren Bilder enthalten eine Kraft, die uns heilen kann! Diese Kraft kann uns helfen, alle im Depot lagernden verdrängten Puzzles unseres Seins umzuwandeln und zu einem gesunden Ganzen werden zu lassen. Davon erzählt dieses Buch und von vielem Spannenden mehr.

Innere Bilder können uns heilen!

Wir sind weiser als wir denken! – Hymne an die Imagination

Es gibt eine Dimension in jedem von uns, die unser Denken an Klugheit bei weitem übertrifft. Ob Sie nun studiert haben oder nicht – jetzt spielt es einmal keine Rolle! Diese Weisheit, von der ich schreibe, ist unabhängig von jeglicher Bildung und jedem Alter. Sie ist einfach da und wartet darauf, in Anspruch genommen zu werden: Es ist die allwissende *Imagination*, die Heilkraft der inneren Bilder.

Ich habe in meinem Leben nicht die Größe erreicht, zu verstehen, weshalb die Imagination so weise ist. Ich habe nur erfahren, *dass* sie es ist. Sie weiß alles, sie kann alles. Sie kennt unsere vollständige Ahnengeschichte bis zurück an unseren Ursprung. Sie kennt uns bis ins letzte Detail. Sie ist fähig, auf all unsere Fragen in einer Weitsicht zu antworten, die eine enorme Lebenserfahrung voraussetzt. Sie ist weder an Raum, noch an Zeit gebunden. Sie ist Heilkraft. Sie kann humorvoll sein oder streng. Sie weiß jederzeit, was wir brauchen, damit es uns wieder besser geht.

Ich behaupte, die Imagination ist so alt wie das Leben selbst. Sie kennt jeden möglichen Teil der Existenz: Sie weiß, wie sich das Feuer fühlt, der Wind, die Kälte; sie kennt das Gefühl des Steines, des Berges, der Tiefe des Meeres; sie kennt den Duft der Sonnenblume, den Galopp des Pferdes, die Kraft des Nashorns, den Flug des Adlers; sie kennt das Gefühl des Geborenwerdens, des Heranwachsens, des Alterns und des Sterbens.

Dadurch, dass unsere Imagination alles kennt, alle Erfahrungen des Lebens gespeichert hat, haben auch wir all diese Informationen in uns! Unglaublich, wenn man sich das vorstellt! Es sieht so aus, als ob unsere Imagination ein Datenträger besonderer Intelligenz ist. Je stärker wir uns mit der Imagination verbinden, umso mehr sind wir in Kontakt mit unserer allwissenden Weisheit.

Krafttiere sind der aktive Teil der Imagination, mit welchem wir uns unterhalten können, und der uns zu den nötigen Erfahrungen führt.

Die Weisheit aus sich selbst schöpfen

In diesem Buch werden Sie kaum eine Stelle finden, die ich von *äußerem* Wissen entlehnt habe. Die Quellenangabe ist stets ein und dieselbe: die *Imagination*. Sie ist die Quelle unserer inneren Weisheit – nicht zu verwechseln mit Wissen, das wir uns von unseren Eltern, den Lehrern oder aus Büchern erworben haben – die Imagination ist unsere ureigenste tiefe innere Weisheit.

Das folgende Beispiel einer Kollegin verdeutlicht den wesentlichen Unterschied zwischen innerem und äußerem Wissen:

»**Seit Jahren** war ich gewohnt, andere Menschen um Rat zu fragen, wenn ich eine Entscheidung treffen musste. Die Ratschläge waren immer gut gemeint, und ich handelte danach. In der Umsetzung fühlte ich mich aber meist überfordert und ich verlor beim ersten Hindernis den Boden unter den Füßen. Ich befand mich damals in einer großen Krise, hatte genug von fremden Ratschlägen, fühlte mich aber entscheidungsunfähig.

In dieser Zeit erschien mir in einer Meditation zum ersten Mal mein inneres Bild: Ich stand vor einem Zelt. Die Zeltklappe war geschlossen. Ich schob sie zur Seite und trat ein. Dämmerlicht empfing mich. Im Halbdunkel saß eine uralte Frau. Tiefe Stille herrschte. Die Frau hieß mich willkommen, und ich setzte mich. Ich bekam von ihr eine Schale mit einem warmen, süßlichen Getränk. Dankbar nahm ich es an und trank in langen Zügen. Schließlich stellte ich meine Frage und erhielt von ihr eine überraschend einfache Antwort. Von da an besuchte ich sie oft, und jedes Mal durfte ich eintreten in diese Stille, und die Antworten waren immer in der gleichen Art beruhigend und einfach, wie etwa ›Hab Geduld!‹ oder ›Mach dir keine Sorgen!‹.

Es folgte ein überaus aktiver Lebensabschnitt, wodurch die Besuche bei der Frau in Vergessenheit gerieten. Monate später erinnerte ich mich wieder an sie. Ich suchte das Zelt in Gedanken auf, trat ein und sagte etwas schuldbewusst: ›Wir haben uns lange nicht mehr gesehen.‹ Worauf sie schmunzelte und antwortete: ›Ich weiß. *Ich* war immer da.‹

Einmal aber, als ich ins Zelt eintrat, war es leer. Ich erschrak, rief nach ihr und hörte ihre Stimme, die sagte: ›Alles, was du wissen musst, liegt in dir. Vertrau!‹

Das war ein ergreifender Moment. Ich suchte das Zelt dennoch erneut auf, und längere Zeit waren die Besuche ohne Begegnung. Ihre Stimme jedoch konnte ich immer hören. Später war sie ab und zu wieder da. Sie lag oft auf einer Matte am Boden und hatte die Augen geschlossen. Ich spürte, wie sich die Beziehung zu ihr zu verändern begann. Als wir uns kennen lernten, war sie wie eine Urmutter zu mir. Jetzt begannen wir uns ähnlicher zu werden.«

Wir leben in einer nach außen orientierten Welt: Die Antwort oder die Lösung des Wesentlichen liegt jedoch *in* uns. Diesbezüglich ist es eigentlich paradox, ein Buch zu schreiben, ist dieses doch erneut ein Wegweiser der äußeren Welt. Trotzdem sind Medien Vermittler von Ideen. Und so hoffe ich, dass Sie genügend Impulse erhalten, um sich auf eine Begegnung mit Ihrer eigenen inneren Weisheit einzulassen.

**Gehen Sie nach innen,
führen die Krafttiere auch Sie zu Ihrer
inneren Weisheit!**

Die heilende Ebene der Imagination ist unfassbar, und dabei ist es doch so einfach, mit ihr Kontakt aufzunehmen. Es ist höchste Zeit, dass wir uns vermehrt an sie erinnern! Die Imagination ist das Natürlichste auf der Welt. Wir brauchen dafür weder Geld noch Hightech, sondern einzig und allein die *Bereitschaft*, mit unseren inneren Bildern in Kontakt zu treten und zu *hören oder zu fühlen*, was sie uns zu sagen haben. Die Imagination ist hundert Prozent treffsicher und beinhaltet zugleich die Lösung!

Heilung ist allgegenwärtig ...

Nachdem ich einige Jahre Erfahrung mit der geistigen Bilderarbeit gesammelt und Vertrauen in die Krafttiere gewonnen hatte, wagte ich mehr und mehr, meine Patienten und Patientinnen mit der Heilkraft ihrer eigenen Imagination vertraut zu machen. Sobald ich nach dem Erstgespräch den Eindruck erhielt, dass eine Erkrankung mit der Psyche verknüpft war, bot ich ihnen anstelle eines homöopathischen Mittels die Liege an. Dort half ich ihnen, sich in ihre inneren Bilder sinken zu lassen, und wartete gespannt auf den Heileffekt. Zuverlässig verschwanden die Beschwerden.

Diese positiven Ergebnisse bei psychosomatischen Symptomen ermunterten mich, das Experimentierfeld auf »rein« körperliche Leiden aller Art auszuweiten. Jedes Mal war die Spannung groß: Wird es klappen? Werden die Krafttiere erscheinen und können sie helfen? *Wie* würden sie das tun? – Die Krafttiere kamen, sie konnten helfen, und sie wussten sofort wie!

Die Arbeit mit Krafttieren war stets eine Reise ins Ungewisse. Bei den jeweiligen Symptomen erschien mir jeder Mensch zunächst wie ein verschnürtes Paket, von welchem niemand wusste, was darin verborgen war. Es kamen Menschen mit Ohrenschmerzen, Blasenentzündungen, Rückenschmerzen, Kopfschmerzen, Asthma, Gewichtsproblemen, Verspannungen, Herzbeschwerden, Schlafproblemen, Ängsten und so weiter und so fort. Doch schließlich merkte ich, dass hinter *allen* Beschwerden, egal welcher Art, eine Heilgeschichte wartete.

Ist das nicht erstaunlich?

Eine Kollegin meinte, man müsse spirituell wohl sehr weit entwickelt sein, um ohne Medikamente heilen zu können. Sicher ist es von Vorteil, wenn man sich mit dem Göttlichen verbunden fühlt, aber ich kläre dies vor einer Reise mit den Krafttieren nie ab. Heilung ist allgegenwärtig, man muss sich nur darauf einlassen …

Entscheidend ist die *Bereitschaft*, seine inneren Bilder ernst zu nehmen und ihnen zu *vertrauen*. Das Vertrauen wachsen zu lassen, braucht wiederum positive Erfahrungen und viel Zeit. Am meisten hat mir selbst immer geholfen, wenn ich nach einer inneren Reise einen körperlichen Effekt spürte. Dann wusste ich, dass ich mir nichts vorgemacht oder erfunden habe.

Eine Patientin berichtete mir, sie habe oft das Gefühl, sie erdenke sich die Geschichten. Aber wenn die Lösungen genialer seien als sie denken könne, dann wisse sie, sie entstünden nicht in ihrem Kopf, sondern an einem weiseren Ort.

Krafttiere? – So normal wie Luft und Licht

Plagt uns Hunger, nährt uns die Erde.
Quält uns Durst, erquickt uns die Quelle.
Fühlen wir Müdigkeit, erfrischt uns der Schlaf.
Nach der Ausatmung füllt sich die Lunge wieder mit
kosmischer Lebensenergie.
Das Universum hat uns mit allem ausgestattet,
was wir zum Leben brauchen.
So hat es uns auch die Krafttiere geschenkt.
Dank ihnen können wir uns bei Erkrankung heilen,
uns bei Verirrungen orientieren und innerlich wachsen,
bis wir unsere Vollkommenheit erreicht haben.
Wir haben alles Wesentliche in uns selbst!

Erzähle ich von meiner Arbeit mit inneren Bildern und Krafttieren, wird diese oft mit der von Indianern und Schamanen assoziiert. Tatsächlich standen Indianer in nahem Kontakt zu geistigen Tieren. So lebten die Ureinwohner Nordamerikas beispielsweise mit der Vorstellung, von geistigen Tieren geschützt und geführt zu werden. Als ich meine ersten Erfahrungen mit den geistigen Tieren machte, wusste ich kaum etwas über indianische Kultur. Ich hatte mich nie besonders für Indianer interessiert (außer für Winnetou natürlich) und wollte bewusst nichts über Schamanismus erfahren. Im Gegenteil, ich wollte mich ganz unbeeinflusst von äußerem Wissen meiner inneren Führung und der daraus möglichen Entwicklung hingeben.

Niemand braucht indianischer Abstammung zu sein, um in Kontakt mit Krafttieren zu kommen. Wir alle kennen Krafttiere bereits: Sie erscheinen uns zum Beispiel in Träumen. Nur wissen wir dort nichts mit ihnen anzufangen und können deshalb ihre Kraft nicht nützen. Doch auch in unserer Kultur nehmen wir gerne die Kraft oder Eigenschaften gewisser Tiere in Anspruch. Vor einiger Zeit las ich einen Artikel über einen Politiker im Landwirtschaftsbereich, der sich vielen anders denkenden Menschen stellen musste. Er wurde im Interview gefragt, woher er all die Kraft nähme, vor diesen Leuten bestehen zu können. Er zeigte auf ein großes Poster in seinem Büro, auf welchem ein Büffel abgebildet war, und sagte: »Von ihm!« Er nutzte die Ausstrahlung des Büffels für sich, um in seiner Aufgabe den aufkommenden Schwierigkeiten trotzen zu können, und identifizierte sich mit seiner Kraft.

Der Historiker Jean-François Bergier berichtete in der Tagesschau, er habe seine jahrelange Aufgabe nur dank einer erworbenen Krokodilhaut erledigen können, die ihn gegen die Angriffe von rechts und links geschützt hätte. Nun sei die Arbeit beendet, und er könne sie wieder ablegen. Als ich dies hörte, machte ich einen Luftsprung und sagte zu meinem Mann: »Siehst du, das ist es genau! Das ist die Identifikation mit einem Tier, von dessen Kraft und Eigenschaft wir uns unterstützen lassen – wunderbar, und dieses Beispiel bringen sie in der Tagesschau!«

Ein anderes Beispiel: Ein Skinationaltrainer klagte in einem Zeitungsinterview der Schweizer *Coop-Zeitung*: »Kein Wunder, dass unsere Leute nicht gewinnen. Ich habe bei keinem von ihnen Tigeraugen gesehen!«

Zahlreiche Redewendungen beschreiben ebenfalls die bildhafte Verbundenheit und Identifikation mit Tieren: »Ich fühle mich frei wie ein Vogel«, Er/sie ist »fleißig wie eine Biene (oder Ameise)«, »langsam wie eine Schnecke«, »stur wie ein Ochse«, »schlau wie ein Fuchs«, wir ziehen uns »ins Schneckenhaus zurück«, haben einen »Bärenhunger«, jemand ist der »Hahn im Korb« oder schaut wie »ein Habicht (oder wie ein Sperber)«.

Wie sehr uns diese Redewendungen mit der Heilkraft der Imagination verbinden, zeigt folgendes Beispiel:

> **Eine Mutter dreier Kinder** rief mich eines Tages verzweifelt in der Praxis an. Sie fühlte sich erschöpft und benötigte dringend Erholung. Ich fragte sie, was sie brauche, worauf sie ohne nachzudenken antwortete: »Könnte ich am Nachmittag sticken, würde es mir besser gehen!« Da sie sehr pflichtbewusst war, dachte sie, sie könne es sich nicht leisten, den Haushalt für einige Zeit links liegen zu lassen.

Über eine wenig bekannte Fähigkeit des Menschen

> Während sie von ihrem Dilemma erzählte, sagte sie unerwartet: »Wissen Sie, ich fühle mich wie ein Tiger im Käfig!« Mir stockte der Atem. Leichthin unterbrach ich sie: »Sie fühlen sich wie ein Tiger im Käfig? Schauen Sie doch einmal, ob Sie diesen Tiger sehen oder ihn sich vorstellen können!« Das war für sie kein Problem – sie hatte sofort ein Bild von ihm.
> Nun wagte ich meine zweite Frage: »Fragen Sie ihn, was er Ihnen rät: haushalten oder handarbeiten?« Am andern Ende herrschte Stille, dann sagte sie zögernd: »Er meint, ich soll am Nachmittag sticken.« Ich schmunzelte und fragte sie erneut: »Und, was werden Sie heute Nachmittag tun?« Sie antwortete nachdenklich: »Ich werde sticken!«
> Ich freute mich, dass sie es für einen Moment geschafft hatte, aus ihrem Käfig der vermeintlich dringenden Pflichten auszubrechen. Welch glücklicher Zufall veranlasste sie, diese Redewendung anzuwenden!

Wir Menschen mit unserem beschränkten Blickfeld haben dank unserer inneren Bilder die Fähigkeit, zu einer *lebenszugewandten* Sichtweise und gesunden Wahrnehmung zu gelangen. Durch sie finden wir Zugang zu unserer inneren Weisheit, die unsere durch Erziehung, Religion und Kultur geprägte Vorstellung über das Sein bei weitem übertrifft.

Im *Tibetischen Buch vom Leben und vom Sterben* von Sogyal Rinpoche (O.W. Barth/Scherz Verlag, München 2003) fand ich folgende Zeilen: »Spirituelle Wahrheit ist nichts Kompliziertes oder Esoterisches, sie ist einfach tiefgründiger gesunder Menschenverstand. Wenn wir die Natur des Geistes erkennen, fallen die Schichten der Verwirrung ab. Wir ›werden‹ nicht zu einem Buddha (der Erleuchtete), sondern hören einfach auf, verblendet zu sein. Ein Buddha zu sein bedeutet nicht, sich in eine Art ›Superman‹ zu verwandeln, sondern ein wahrer Mensch zu sein. (...) Der Geist soll sich entwirren und zu seiner Glückseligkeit und Klarheit zurückfinden ...«

Ähnliches geschieht, wenn wir in Kontakt mit Krafttieren sind und ihren Hinweisen folgen.

Krafttiere wecken unseren gesunden Menschenverstand und führen uns zu unserem inneren Frieden.

Krafttiere stellen sich vor

Es ist an der Zeit, Ihnen mehr über die Krafttiere zu erzählen. Nur, wie soll ich sie vorstellen? Ich sitze am Computer und frage in mich hinein: »Krafttiere, was soll ich über euch schreiben? Wie möchtet ihr euch in diesem Buch präsentiert sehen?«

Ich sehe die Tiere im Halbkreis versammelt. Sie freuen sich sichtbar darüber, ein Sprachrohr zu erhalten. Sie winken mit den Armen, drehen sich tanzend um die eigene Achse und klatschen in die Pfoten des Nachbarn. Ich gönne ihnen von ganzem Herzen die Möglichkeit, den Menschen von sich zu erzählen.

Ein kleiner Hase tritt aus dem Halbkreis hervor und sagt: »Erzähle ihnen von uns! Wir sind eine Familie und überaus fleißig! Ich mag gerne Möhren.« Ich sehe, wie er demonstrativ in eine Möhre beißt, sich verneigt und wieder in die Reihe zurückhoppelt.

Das Pferd tritt nun hervor und verneigt sich. Mir fällt auf, dass es seine Ohren aufmerksam nach vorne richtet. Es hat gemerkt, dass ich ihm etwas mitteilen will. Ich sage ihm: »Pferd, ich zweifle daran, ob eure Präsentation bei den Lesern und Leserinnen ankommen wird.«

Das Pferd schnaubt, scharrt mit dem Bein und wirft ungeduldig den Kopf zurück, wobei die Mähne wild weht. Dann bäumt es sich, meine Bedenken ignorierend, einem Zirkuspferd gleich auf und sagt: »Erzähl ihnen von unserer Kraft! Wir können alles!«

Zur Bestätigung fliegt ihm eine weiße Taube auf den Kopf und flattert. Das Pferd verneigt sich erneut und gliedert sich wieder in die Reihe ein.

In der Kreismitte wartet bereits ein Walross. Seine langen Zähne sind beeindruckend. Es hat schon ein hohes Alter erreicht. Ich verneige mich ehrfurchtsvoll vor ihm und warte mit großem Respekt auf seine Worte. Es spricht: »Du hast eine wichtige Aufgabe vor dir! Beschränke dich auf das Wesentliche, die Menschen haben nicht viel Zeit. Sei knapp und klar. Erzähle von uns mit großem Respekt, so wie du es immer tust. Ich wünsche dir viel Erfolg!«

Schweren Schrittes robbt das Walross auf seinen Platz zurück. Die Tiere beginnen zu klatschen und verneigen sich noch einmal vor mir. Auch ich beuge mich tief gerührt vor ihnen. Dann löst sich das Bild auf.

Die sofortige Hilfe der imaginären Tiere faszinierte mich. Das Wissen um ihren Beistand vermittelte mir innere Sicherheit und beflügelte meine Schreibarbeit.

In der Tat ist es unglaublich, wie *fleißig* diese Tiere sind. Ich wage hier zu behaupten, dass der Kontakt zu den Krafttieren stark in deren eigenem Interesse ist. Ja, Sie lesen richtig! Ich behaupte, die *Krafttiere* selbst sind daran interessiert, *mit uns* Kontakt aufzunehmen, um uns Gelegenheit zu geben, mit ihnen eine gute Beziehung zu pflegen. *Das heilende Prinzip des Lebens bietet uns seine Heilkraft an.*

Respekt

Das alte Walross erwähnte den Respekt. Was bedeutet *Respekt vor den Krafttieren?* Es ist letztendlich der Respekt vor sich selbst, vor der eigenen inneren Heilkraft, Weisheit und ganzheitlichen Intelligenz, der Respekt vor dem eigenen inneren Wegweiser, dem Helfer und seiner inneren Führung.

Ab und zu kommt es vor, dass jemand während der inneren Reise aus Wut oder Unzufriedenheit ein Krafttier töten will. Ich erinnere mich an einen Mann, der sein Leben als unerträglich schwer empfand. Als er Kontakt zu den Krafttieren aufnahm, besuchte ihn ein Schmetterling. Der Mann fühlte sich durch die leichte Art des Schmetterlings provoziert; er sah sich in seiner Schwere nicht ernst genommen und schlug beleidigt mit einer Fliegenklappe nach ihm. Kurz darauf schlief der Mann ein.

Nach der Reise teilte ich ihm mein Bedauern über den Vorfall mit. Ich war überzeugt, dass der Schmetterling ihm die verloren gegangene Leichtigkeit zurückbringen wollte, hätte er ihn respektiert und sich von seiner Leichtigkeit berühren und anstecken lassen.

Krafttiere sind ein Teil von uns selbst.
Jeder dieser Teile engagiert sich
für unser Bestes. Respektieren wir das Krafttier,
so respektieren wir uns selbst.

> **Christina litt unter** wiederkehrender Kieferhöhlenentzündung. Von der (geistigen) Schlange erfuhr sie, dass sie sich mehr Ruhe gönnen und nicht ständig auf die Wünsche anderer überreagieren soll. Die Schlange drang in Christinas Nebenhöhlen ein und reinigte sie. Keine weitere Therapie war nötig.
> Wochen später flammte die Entzündung von Neuem auf und zwar so heftig wie noch nie. Christina, etwas verwöhnt von der Hilfe der Krafttiere, bat die Schlange erneut um eine Reinigung. Die Schlange jedoch war dazu nicht bereit. Sie fauchte: »Es ist zu spät! Geh zum Arzt!« Christina traute ihren Ohren nicht. »Was, zum Arzt? Nicht mal zur Homöopathin? Ich hatte auf deine Hilfe gehofft!«, sagte sie voller Erstaunen zur Schlange.

Unter Schmerzen und mit geschwollenem Gesicht suchte Christina den Arzt auf, der ihr wie erwartet ein Antibiotikum verschrieb. Und was für eines! Gratis zum Medikament gab es Durchfall, Hautausschlag und einen arg juckenden Vaginalpilz... Unglücklich fand sie sich etwas später bei mir ein. Ich hörte ihrer Geschichte ungläubig zu. Plötzlich dämmerte es mir, ich schmunzelte und schwieg. Wie »böswillig« diese Schlange doch war!

Christina legte sich auf die Liege und besuchte erneut die Schlange, die auch prompt mit folgenden Worten erschien:

> »**Na, hast du jetzt** deine Lektion gelernt? Ich hatte dir doch gesagt, du sollst mehr ruhen und zu dir schauen! Jetzt hast du die Bescherung!« Christina fühlte sich durch den Trick der Schlange verunsichert. Konnte sie ihr nun noch trauen oder nicht? Schließlich war es die Schlange, die sie irregeleitet und zum Arzt geschickt hatte. Die Schlange funkelte wild mit den Augen und zischte: »Nur mir sollst du trauen!« In der Tiefe ihres Innern verstand Christina die Reaktion und die Worte der Schlange. Hätte sie von Anbeginn auf die Schlange gehört und mehr geruht, hätte sie sich diese harte Lehre ersparen können!

Respekt

Wochen später litt Christina unter massivem Haarausfall. Sie suchte mich erneut auf.

> **Während ihrer inneren Reise** sah sie einen schwer verletzten Tiger. Sie erfuhr vom ihm, dass Krieger ihn so zugerichtet hatten, als er deren Gebiet durchqueren musste. Er konnte kaum sprechen, so verwundet war er. Die Schlange tauchte auf. Christina freute sich, die Schlange mit ihrer großen Heilkraft zu sehen.
>
> Die Schlange jedoch war äußerst böse auf Christina und fauchte sie an: »Wie oft muss das noch geschehen? Wie oft noch handelst du gegen uns?« Christina war über ihren Vorwurf überrascht. Sie fühlte sich nicht verantwortlich für den Tiger, der in seinem Wesen stark war und ihrer Meinung nach seinen Weg in der Wildnis selber klug bestimmen sollte. Die Schlange zischte gefährlich: »*Du* befahlst ihm, diesen Weg zu gehen!«
>
> Allmählich begann Christina zu verstehen.

Sie bestritt seit einigen Monaten eine Zusatzausbildung, auf welche sie sich sehr gefreut hatte. Das Studium entwickelte sich allerdings ganz anders, als sie es sich vorgestellt hatte. Es stellte unangemessen große Anforderungen an sie, unter denen sie enorm litt. Anstatt die Erfüllung ihrer Sehnsucht zu finden, war sie nun dabei, zu Grunde zu gehen.

> **Christina begriff,** dass sie allein für die Wunden des Tigers verantwortlich war und begann ihn liebevoll zu pflegen. Sie fragte die Schlange, ob sie die Weiterbildung abbrechen sollte. (Die Antwort brauche ich hier wohl nicht niederzuschreiben.) Christina erkundigte sich weiter, ob sie denn auch die Praktikumsstelle absagen sollte, die sie in einem halben Jahr antreten könnte. »Ja!«, sagte die Schlange, »kümmere dich in nächster Zeit einzig und allein um die Genesung des Tigers!«

> Als die Schlange verschwunden war, tauchte die Eule auf. Mit wissenden Augen mahnte sie Christina: »Du hast zu wenig Respekt vor der Schlange! Pass auf; sie kann auch anders! Das kann fatale Folgen haben!«
>
> Christina fühlte sich durch ihre eindringlichen Worte wie erschlagen. Sie spürte, wie ernst die Eule es meinte. Der ganze Raum meiner Praxis füllte sich mit gebannter Stille und tiefer Ehrfurcht. Lange Zeit noch verharrte Christina betroffen auf der Liege. Sie hatte ihre Lektion gelernt.

Wichtige Entscheidungen wird sie in Zukunft nicht mehr ohne die Rückfrage an die Schlange fällen. Das Studium entsprach zwar anfänglich ihrem Herzenswunsch, aber sie hatte ihre Gesundheit nicht berücksichtigt, und selbige hatte nun klare Worte gesprochen. Vier weitere Mitschülerinnen brachen parallel zu ihr das Studium ab. Die Lehrerschaft sah sich gezwungen, das Schulkonzept neu zu überdenken ...

Haarausfall und Kieferhöhlenentzündungen hatte Christina bislang keine mehr.

Wie geht das nun?

Was können Sie tun, um Kontakt mit Ihren geistigen Bildern aufzunehmen und sich auf eine Reise nach innen zu begeben?

Reisevorbereitung: Legen Sie sich bequem auf den Rücken und schließen Sie die Augen. Achten Sie darauf, dass Sie während der Zeit Ihrer inneren Reise wirklich ungestört sind. Finden Sie eine Methode, die Sie entspannen hilft, vielleicht mit leichter Musik (Naturgeräusche, Meditationsklänge), oder Sie beeinflussen sich selbst gedanklich in entspannender Weise.

Reisewunsch: Der Zweck einer Reise ist die innere Unterstützung oder gar eine Heilung. Ob Sie dabei um Linderung eines körperlichen Schmerzes bitten, um Hilfe für ein seelisches Problem oder ob Sie einfach einen nächsten Entwicklungsschritt machen möchten, spielt dabei keine Rolle.

Reiseziel: Achten Sie darauf, ob Sie Ihr Problem an einer bestimmten Körperstelle spüren. Vergleichen Sie die Stelle am Ende der Reise, denn möglicherweise hat sich das Körpergefühl positiv verändert. Dies wird Ihnen helfen, Ihrer Heilreise zu vertrauen!

Reiseeindrücke: Unseren inneren Bildern sind keine Grenzen gesetzt. Harmlose Tagträumereien, tolle Liebesgeschichten, Heldenfantasien, kühne Zukunftspläne – wer kennt solche Fantasien nicht! Innere Bilder und Vorstellungen können jedoch auch ganz andere Inhalte haben: Sie können uns durch ihre Angst machende Art tüchtig durchschütteln und einen verfolgen. Die Welt der inneren Bilder ist unermesslich. Alles, was unser Gehirn an Fantasie zulässt, ist vorstellbar. Wichtig ist einzig und allein, die *Kommunikation* mit diesen inneren Bildern aufrechtzuerhalten, damit sie uns leiten können.

Reiseführung: Stellen Sie sich vor, sie unternähmen eine Reise in ein weites, Ihnen unbekanntes Land, von dem keine Landkarte existiert. Sie wissen, dass es einen sicheren und lohnenswerten Weg gibt, kennen ihn aber nicht. Was würden Sie tun? Natürlich, Sie wenden sich an einen Ortskundigen. Und genauso verfahren Sie bei Ihrer inneren Reise.

> **Rufen Sie zu Beginn der Reise immer zuerst eine Führung, die Ihnen hilft. Rufen Sie Ihrer Bilderwelt zu: »Hallo, ist da ein Bild, ein Tier oder sonst ein Wesen, das mich *unterstützt*?«**

Lassen Sie sich nun alle Zeit, die Sie brauchen, um von Ihren Bildern besucht zu werden.

Manchmal dauert es eine ganze Weile, bis ein Bild auftaucht. Ein fünfjähriges Mädchen beklagte sich einmal bei mir, das Rehkitz und der Hirsch würden vor dem Einschlafen nicht wie versprochen erscheinen. Sie habe gerufen oder an deren Haustür geklingelt, aber keiner von beiden sei erschienen. Das erstaunte mich doch sehr, und ich ließ sie ihre Enttäuschung dem Hirschen und dem Kitz mitteilen. Diese erwiderten: »Du musst *warten,* damit wir überhaupt Zeit haben, zu kommen!«

Geben Sie dem Bild also seine Zeit, aufzutauchen.

Ich habe schon erlebt, dass Krafttiere tagelang auf sich warten ließen oder dass sie nur kurz erschienen und sich danach nicht mehr zeigten. Eine mögliche Spannung, Enttäuschung, Wut oder welches Gefühl auch immer Sie durch die Abwesenheit des Tieres spüren mögen – es ist bereits ein Teil der inneren Geschichte, die (ohne Tier) begonnen hat. Es bleibt Ihnen also nichts anderes übrig, als die Herausforderung anzunehmen. Die Abwesenheit des Tieres will Sie möglicherweise an einen inneren Punkt führen, der für Sie zentral ist. Vertrauen Sie darauf, dass die Imagination genau weiß, was sie tut.

Wenn wir unsere Reise antreten und unsere innere Führung um Hilfe bitten, erscheint nach meiner langjährigen Erfahrung meist ein *Tier* vor unserem geistigen Auge, *Krafttier* genannt. Dieses Tier ist nur selten, wie Sie vielleicht erwarten, das Lieblingstier. Oft erblicken wir eine Tierart, deren Besuch uns überrascht, etwa eine Ameise oder ein Krokodil. Manchmal jedoch erscheinen auch Menschen oder eine Pflanze. Ab und zu sehen wir vielleicht mystische Wesen wie zum Beispiel Zwerge, ein Einhorn oder Pegasus, das beflügelte Pferd, oder gar einen Engel. Ich selbst machte Bekanntschaft mit Tannen, als ich – wie anfänglich geschildert – die Krafttiere fragen wollte, wie sie sich in diesem Buch vorstellen möchten. Auf meine Frage hin, wieso eigentlich immer Tiere erscheinen, geschah Folgendes:

Ich schaute auf den Halbkreis der Tiere und bemerkte plötzlich, dass hinter ihm wuchtige Tannen standen. Sie bewegten sich und schienen mir zuzuwinken, um auf sich aufmerksam zu machen. Ich begrüßte auch sie, und sie verneigten sich ebenso wie die Tiere es taten. Die Tiere drehten sich um und schauten hoch zu den Tannen. Die eine Tanne zeigte mit einem ihrer Äste zu den Tieren hinunter: »Ich überlasse es gerne ihnen, sie sind beweglicher.« Die Tiere drehten sich wieder zu mir und nickten übereinstimmend.

> **Es ist unser tiefes imaginäres Wissen,
> welches entscheidet, in welcher Gestalt
> sich die Heilenergie zeigen soll,
> um uns optimal zu unterstützen und zu führen.**

Durch das klare Bitten um innere Unterstützung geraten wir automatisch auf die richtige »innere Landkarte«. Aus vereinfachenden Gründen spreche ich im Folgenden von Kraft*tieren,* da es doch meist Tiere sind, die uns leiten. Das Krafttier wird Ihr Führer sein und Sie durch die inneren Landschaften lotsen. *Es kennt genau den richtigen Weg.* Es wird Sie beraten und beschützen. Je mehr Sie dem Bild vertrauen, umso stärker wird seine Wirkkraft. Beginnen Sie an ihm zu zweifeln, verliert es an Kraft, Größe und Intensität oder entschwindet gar Ihrem Blick.

Die Begegnung mit dem Krafttier – also Ihrer inneren Führung – reicht aber noch nicht ganz aus für das gute Gelingen Ihrer Reise. Deshalb:

> Begrüßen Sie das Krafttier. Sprechen Sie mit ihm!
> Fragen Sie es, was *es* Ihnen zu sagen oder zu zeigen hat.

Ich beobachte, dass dieser und der folgende Punkt bei unerfahrenen Reisenden am meisten missachtet wird. Begeistert von ihrer ersten, von mir begleiteten Reise, kontaktierten sie zu Hause selbstständig die Krafttiere, welche auch prompt erschienen. Dann jedoch missachteten sie unwissentlich den wertvollsten Vorgang des Fragens,

Wie geht das nun?

nämlich was *das Tier* einem zu sagen hat, und übernahmen selbst die Führung der Geschichte. Somit wird die Chance, die dieser Arbeit eigen ist, verpasst. Übernehmen wir selbst die Führung einer inneren Reise, kommt die Geschichte nicht über unser gewohntes Verhaltensmuster hinaus. Folgen wir jedoch der Führung der Krafttiere, zeigen sie uns die Lösung, die oft außerhalb unseres gewohnten Denk- oder Verhaltensmusters liegt. Wir erhalten Zugang zu einer ganz anderen Dimension von Erfahrung, Weisheit und Heilungsmöglichkeit. Eine Erweiterung des Bewusstseins kann stattfinden.

Krafttiere sind die *sichtbare Form tiefster Weisheit eines jeden einzelnen Menschen*. Krafttiere betonen oft, *sie seien ein Teil des betreffenden Individuums*; sie würden zu ihm gehören. Das ist auch der Grund, weshalb wir besonders fürsorglich mit ihnen umgehen sollten. Sind wir dem Krafttier gegenüber respektvoll, so sind wir respektvoll *zu uns selbst*. Sollte es Ihnen schwer fallen, das Tier zu achten, so sagen Sie ihm das und beobachten seine Reaktion. Möglicherweise wendet es sich von Ihnen ab, ist enttäuscht und traurig. Wie fühlen Sie sich dann dabei? Es ist sehr wichtig, dem Tier Ihre Gefühle mitzuteilen! Durch die Kommunikation sämtlicher Gefühle kann eine neue Beziehung entstehen, die für Ihr inneres Wachstum und Ihre Genesung entscheidend ist.

Eligio Stephen Gallegos lehrt, dass die Krafttiere aus der Ganzheit kommen. Diese Ganzheit kann man sich vereinfacht als »vollständigen Überblick« der Krafttiere vorstellen.

Anders ausgedrückt, haben wir *über Krafttiere Zugang zu einem ganzheitlichen Wissen und einer omnipotenten Heilkraft!* Daraus folgt der nächste Schritt:

Über eine wenig bekannte Fähigkeit des Menschen

Hören oder fühlen Sie genau hin, was das Krafttier Ihnen antwortet.

Es kann sein, dass Ihr innerer Führer sich mit Ihnen unterhalten wird. Ihr inneres Bild wird Ihnen in kluger Art Hinweise geben, die Sie erstarken und genesen lassen.

Genauso kann es sein, dass alles, was Sie am Anfang der inneren Reise sehen, nur schwarz ist. Oder Sie erblicken Farben wie Rot, Violett, Gelb, die eine ganze Weile bleiben, sich aber in Form und Helligkeit verändern. »Nichts« können Sie übrigens nicht sehen! Selbst wenn Sie meinen, nichts zu sehen, so sehen Sie doch etwas, nämlich das Nichts!

Falls Sie Farben oder »nichts« sehen, so sprechen Sie mit der Farbe oder dem Nichts. Fragen Sie das Nichts, ob es Ihnen etwas zu sagen hat oder ob es etwas von Ihnen braucht. Vielleicht benötigt es ganz einfach etwas mehr Zeit, mehr Vertrauen oder eine tiefere Entspannung als Plattform für das Tier oder Bild, das irgendwann einmal erscheinen wird.

In meiner Praxis beklagte sich einmal ein Mann, dass er während der inneren Reise nichts sähe. Plötzlich lachte er laut auf und berichtete, er habe die ganze Zeit aber doch einen Bildschirm gesehen. Aber da er gerade aus dem Büro gekommen sei, in welchem er den ganzen Tag vor dem Computer saß, hätte er das Bild des Bildschirms nicht wirklich ernst genommen. Nun aber sei ein Affe – ähnlich Kermit aus der Muppet-Show – aufgetaucht, habe sich auf den Bildschirm gehockt und ihm zugerufen: »Hallo, ich bin das Bild!« Der Mann lachte schallend – so einfach ist das!

Reisehilfe: Taucht ein Bild auf, geht es bei dieser Arbeit nicht darum, es zu analysieren oder zu interpretieren, sondern mit ihm zu *sprechen*. Das stille Gespräch mit dem Krafttier vermindert das Abschweifen der Gedanken und fördert die Konzentration. So erzählen Sie sich innerlich selbst, was Sie einer vielleicht neben Ihnen sitzenden Begleitperson mitteilen würden. Alles, was sich in Ihnen abspielt, fassen Sie in Worte oder *spüren* es ganz bewusst.

Wenn Ihnen das stille Gespräch nicht so vertraut ist, können Sie die Worte auch laut aussprechen und beispielsweise auf einem Tonträger aufnehmen, um vom Geschehen nicht abzuweichen.

Es ist nicht ganz einfach, innerlich alleine zu reisen. Obwohl der Kontakt zu Krafttieren ein natürliches Phänomen und für alle möglich ist, lohnt es sich, sich von einer in der »*Personal Totem Pole Process*«-Methode ausgebildeten Person begleiten zu lassen. Vermittlungsadressen finden Sie am Schluss dieses Buches auf Seite 143.

Nachdem nun das Bild aufgetaucht ist, rate ich Folgendes:

Teilen Sie dem Krafttier all Ihre Gefühle, Empfindungen und Fragen mit, die während der inneren Reise auftauchen.

Das A und O auf einer Reise mit den inneren Bildern ist das Mitteilen aller Gedanken, Gefühle, Unsicherheiten, Freuden und Fragen. Fühlen Sie zum Beispiel Angst während einer Reise, so ist es zu Ihrem großen Vorteil, wenn

Sie sie dem Krafttier mitteilen. Gemäß meiner Erfahrung reicht es nicht, die Angst zu fühlen – sie muss *mitgeteilt* werden. Aus dieser Kommunikation – zwischen Ihnen und der Imagination – entsteht ein wunderbarer Prozess. Ein Beispiel:

> **In einem Workshop** störte sich eine Frau daran, dass sie bei ihren inneren Reisen immer von Tieren geführt wurde. Sie sagte: »Ich bin ein Mensch und das sind Tiere! Ich habe keine besonders nahe Beziehung zu ihnen. Tiere sind für mich so weit entfernt! Ich brauche eine Brücke zu ihnen.«
>
> Ich ermunterte sie, dies alles ihrer Bärin zu erzählen, der sie gerade begegnet war. Auf die Antwort gespannt, ließ sie verlauten, was die Bärin riet: »Gib mehr Resonanz in dir! Das ist die Brücke zwischen uns und dir!« Daraufhin scharrte die Bärin in der Erde, wodurch sie auf Glut stieß. Die Frau gab diesem Geschehen Resonanz und fühlte das Feuer in ihrem Körper brennen. Dabei bekam sie es ein wenig mit der Angst zu tun und sie sagte: »Das ist ja gefährlich!«
>
> Ich ließ sie diese Angst der Bärin mitteilen, die nur belustigt die Lefzen hochzog und brummte: »Das ist halt so!« Ich ließ sie das Feuer in sich spüren, von welchem sie später erfuhr, was mit ihr geschah: Transformation. Die Brücke war geschlagen.

Nur dadurch, dass die Frau dem Krafttier ihre Empfindung mitgeteilt und ihre Frage gestellt hatte, konnte sie auch verstehen, was mit ihr geschah. *Der Reiseleiter und die Reisende gehören zusammen;* die Tour gelingt nicht, wenn der Reiseleiter bereits oben auf der Bergspitze wartet, während die Reisende noch am Fuß des Berges steht und zittert. Sie muss selbst fühlen, ob sie die vorgeschlagenen Schritte tun will und kann, und dies dem Führer mitteilen.

Zum Abschluss der Reise bedanken Sie sich bei Ihrem Krafttier und verabschieden sich dann. Vergegenwärtigen Sie, dass es mit seinem Erscheinen nur für Sie da war und Ihnen etwas schenkte, das für Ihr Wohlergehen früher oder später von großem Wert sein wird. Beherzigen Sie deshalb stets:

Pflegen Sie eine gute und respektvolle Beziehung zum Krafttier.

In all den Jahren habe ich keine einzige schlechte Erfahrung mit Krafttieren gemacht. Ich schätze sie in hohem Maße als zuverlässige, weise, heilende Kraft.

Das Reise-Ritual auf einen Blick

1.

Entspannen Sie sich.

2.

Seien Sie sich Ihres Wunsches nach Unterstützung bewusst. Rufen Sie innerlich: »Hallo, ist da ein Tier, ein Wesen oder sonst ein Bild, das mir hilft?«

3.

Lassen Sie dem Bild alle Zeit, aufzutauchen. Es kann auch sein, dass Sie, anstatt ein Tier zu *sehen*, es *fühlen* oder es einfach nur *erahnen*.

4.

Begrüßen Sie das Krafttier. Fragen Sie es, was es Ihnen zu sagen oder zu zeigen hat.

5.

Horchen Sie auf das, was Ihnen das Krafttier mitteilt. Sollten Sie nicht genau verstehen, was es meint, so fragen Sie nach! Diskutieren Sie mit ihm, falls Sie mit seinem Rat nicht einverstanden sind.

6.

Verschwindet das Krafttier vorzeitig, so können Sie es rufen oder bitten, noch einmal zu erscheinen. Stockt die Reise, so fragen Sie das Bild, was es sich von Ihnen wünscht.

7.

Bedanken Sie sich am Schluss und verabschieden Sie sich von dem Krafttier.

Was Krafttiere bedeuten

Vielleicht fragen Sie sich, welche Bedeutung das eine oder andere Krafttier wohl hat. Diese Frage ist allgemein nicht zu beantworten, bedeutet doch ein und dasselbe Tier für jeden Menschen etwas anderes. Die Bedeutung eines jeden Tieres ist also eine individuelle. Dem einen bringt zum Beispiel der Elefant Geborgenheit und Schutz, einen andern befreit er mit seinem Rüssel vom Ohrschmerz, einen dritten bespritzt er mit Wasser, damit sein Geist wieder klar und wach wird, einem vierten zeigt er seine Größe, damit der sich nicht kleiner macht, als er in Wirklichkeit ist. Während der inneren Reise ist die *Wirkung* und die *Aussage* eines Tieres viel wichtiger als seine (allgemeine) Bedeutung.

Vergessen wir nicht, dass das Krafttier ein Teil von uns selbst ist, der mit der Ganzheit in Verbindung steht. Brauchen wir Unterstützung, so erhalten wir vom Krafttier denjenigen Teil, der uns gerade fehlt. Dieses Fehlende ist äußerst individuell, und doch erscheinen bei verschiedenen Menschen immer wieder ähnliche Tiere. Jeder Mensch steht an einem völlig anderen Ort seiner inneren Entwicklung und braucht für sein Wachstum etwas anderes. Das ein und dasselbe Krafttier bedeutet für jeden Menschen also gerade das, was er benötigt. Ein und dasselbe Tier kann ihn jahrelang begleiten, aber immer wieder anders wirken und somit auch etwas anderes bedeuten.

Sollte die Frage nach einer Bedeutung für Sie von großer Wichtigkeit sein, so dürfen Sie ohne weiteres Ihr Krafttier danach fragen. Es kann gut sein, dass es Ihnen eine individuelle, gerade auf Sie zutreffende Antwort gibt.

Über eine wenig bekannte Fähigkeit des Menschen

Omnipotente Heilkraft

Erinnern Sie sich? Als sich die Krafttiere vorstellten (Seite 30), sprach das Pferd: »Wir können alles!« Und tatsächlich: Immer wieder staune ich selbst bei krebskranken Menschen, wie viel die Krafttiere zur Erleichterung des Leidens beitragen können. Heilung braucht jedoch seine realistische Zeit. Je zerstörerischer die Erkrankung ist, umso dringender ist der häufige Kontakt zu Krafttieren und umso notwendiger ist auch die Bereitschaft, ihnen zu vertrauen und ihren Ratschlägen Folge zu leisten. Krafttiere begleiten die Kranken in ihrem Schicksal und führen den Leidensweg immer wieder an neuen positiven Überraschungen, Einsichten und Lichtpunkten vorbei.

Je beständiger wir den Kontakt zu den Krafttieren pflegen und ihrer Führung folgen, umso weniger sind wir Irreleitungen und Krankheiten ausgeliefert.

Auch ich wage die Aussage der *omnipotenten Heilkraft*. Mag sein, dass Sie nun skeptisch die Stirn runzeln, weil Ihnen das zu dick aufgetragen erscheint. Manchmal jedoch geschieht Linderung eines Leids ganz anders, als wir erwarten – zum Beispiel so, dass ein Problem, die Erkrankung, zwar weiterhin besteht, aber der Leidensdruck trotzdem verschwindet.

Vor vielen Jahren fiel mir ein Medaillon in die Hände, auf dem geschrieben stand:

> *»Gott, gib mir den Mut, Dinge zu verändern,*
> *die ich ändern kann,*
> *die Gelassenheit, Dinge hinzunehmen,*
> *die ich nicht ändern kann,*
> *und die Weisheit, das eine vom andern zu unterscheiden!«*

Ich habe diese klugen Worte nicht vergessen. Das Schwierigste im Leben ist wohl für uns Menschen, das eine vom andern zu unterscheiden. Ich kann Ihnen zuversichtlich sagen, es gibt Mittel und Wege, diese Weisheit zu erlangen: *Die Krafttiere sind Spezialisten dafür!*

Krafttiere haben die Weisheit, das Veränderbare vom Unveränderbaren zu unterscheiden – und heilen trotzdem das Leid!

In der Praxis sieht das dann so aus:

> **Eine sechzigjährige Frau** litt unter einem irreparablen Gehörschaden, wodurch das Hören bestimmter Tonlagen stark beeinträchtigt war. Ein Krafttier wies ihr ihre neue Aufgabe zu: »Du musst lernen, mit dem Herzen zu hören!«

Ein anderes Beispiel:

> **Noemis Ohren** waren arg abstehend. Kein Wunder, dass sie darunter litt, sehen »hübsche Mädchen« ihrer Meinung nach doch ganz anders aus. Die Familie hatte schon oft über dieses Problem gesprochen, und die Eltern wären für eine Operation offen gewesen. Dennoch entschieden sie sich zuerst für eine innere Reise. Ich war neugierig, ob die Krafttiere die Operation unterstützen würden, denn gemäß meiner Erfahrung fanden sie immer einen anderen Weg für den betreffenden Menschen. Umso gespannter war ich auf ihre Lösung:
> Noemi sah ein Reh und begrüßte es. Dieses schöne Reh gefiel ihr gleich. Ich ließ Noemi das Reh fragen, was es ihr zu sagen habe. Es sagte: »Schau, auch ich habe abstehende Ohren!« Noemi betrachtete die großen abstehenden Ohren des Rehs und fand sie hübsch, ja genau passend zum Kopf des Rehs. Sie fand nichts Außergewöhnliches daran, denn genauso sah ein Reh aus.

Mit dieser kurzen Reise war ihr Leid gelindert. Noemi störte sich nicht weiter an ihren Ohren, sie band sogar ihr Haar nach hinten, was ihr gut stand.

Unsere Heilkraft ist immer für uns da

Auf einer inneren Reise sagte eine Giraffe: »Wir sind immer da, um dir zu helfen, aber *du* musst zu *uns* kommen!« Unsere Heilkraft und die Vollkommenheit sind also immer da, aber *wir* müssen uns um sie *bemühen*, wir müssen den ersten Schritt tun und die Türe zu ihr öffnen. Und dass es in einem Menschenleben bezüglich Heilung viel zu tun gibt, wissen Sie vermutlich selbst, oder Sie erfahren es, je differenzierter und intensiver Sie sich damit beschäftigen. Der erste Schritt zur Heilung beginnt damit, überhaupt zu merken, dass einem etwas fehlt, und mit dem Wunsch und der Bereitschaft, sich helfen zu lassen.

Wachen wir auf, es lohnt sich – und die Zeit läuft schnell! Die Krafttiere werden uns dabei unterstützen.

Was uns fehlt, wird uns gegeben

In einer Schulklasse erhielten die Kinder Gelegenheit, sich von ihren inneren Bildern Unterstützung zu wünschen. Ein Mädchen erzählte in der Runde, es werde manchmal zornig. Es leide unter diesen Ausbrüchen, weil ihr Vater mit ihr schimpfe. Nach der Heilreise berichtete das Mädchen: »Ein Reh ist gekommen. Es fragte, ob es Karotten haben dürfe. Ich habe sie ihm gegeben.«

Unser imaginäres Wissen ist nicht zu übertreffen. Es ist verständlich, wenn Eltern auf Wutausbrüche ihrer Kinder mit Schimpfen reagieren – aber nützt es etwas? Kaum. Das Kind hatte zu viel Feuer in sich, das schnell und heftig auflöderte. Was dem Mädchen fehlte, war offenbar innere Sanftheit. Ein Reh tauchte in der Vorstellung auf. Das ruhige, scheue, empfindsame, wachsame Reh mit den großen, dunklen Augen. Es wollte gefüttert werden – mit Karotten. Das Sanfte, Milde im Kind, zu dem es keinen Zugang hatte und nun Kontakt fand, wollte *genährt* werden. Die inneren Bilder haben dem feurigen Kind das gebracht, woran es ihm gemangelt hatte: die Sanftheit des Rehs.

Ein anderer Klassenkamerad beklagte sich darüber, dass er so schüchtern und ängstlich sei. Auf seiner inneren Bilderreise hatte er auf einer Insel eine Ameise entdeckt. Er fragte sie, was sie sich von ihm wünsche. Die Ameise sagte: »Ich möchte ein Spray.« Ich verstand den tieferen Sinn des Sprays nicht und fragte am Schluss der Reise nach. Er erklärte selbstsicher: »Das Spray enthält Gift. Dank ihm kann ich mich besser wehren.«

Die Schüchternheit des Jungen beruhte auf fehlender Wehrkraft. Dadurch, dass seine innere Ameise sich mit dem Giftspray (Ameisensäure?) ausrüstete, fühlte er sich sicherer und konnte offener auf andere Kinder zugehen.

Das richtige Bild zur richtigen Zeit

Vielleicht haben Sie während des Lesens wiederholt daran gezweifelt, ob man sich diese Bilderabläufe nicht einfach nur aus*denkt*. Ich werde Ihnen diese Frage anhand eines kleinen Beispiels beantworten: Um beim Saxophonspielen ruhiger zu bleiben, stellte ich mir vor, ein gemütlich dicker Bär zu sein, der voller Gelassenheit die schwierigen Passagen spielt. Das klappte ganz gut!

So erinnerte ich mich auch während der Ferien an den Bären, als ich auf Italiens Schnellstraßen beim Autofahren Stress empfand. Ich brauchte dringend mehr Gelassenheit. Und da geschah Überraschendes:

Obwohl ich mir den Bären vorstellen wollte, erschien das Bild und Gefühl einer Schildkröte, die durch ihre massiven Schilder beidseitig gepanzert war. Ein Panzer nach vorn, um vor einer Frontalkollision geschützt zu sein und ein Panzer nach hinten, um Widerstand gegen die verantwortungslos nahe auffahrenden Autos hinter mir zu haben. Das war perfekt. Die Imagination brachte mir genau das, was ich brauchte! Ich war verblüfft über die kluge Eigendynamik meiner inneren Bilder. Erleichtert über die willkommene Abschirmung, fuhr ich meine Strecke und dachte doch etwas schaudernd: »Selbst die Krafttiere schätzen diesen Moment gefährlich ein, es scheint notwendig zu sein, mich zu schützen ...«

Was immer Sie sehen – es ist richtig! Zweifeln Sie dennoch an Ihrem Bild, teilen Sie ihm das mit. Bleibt es, ist es richtig.

Die Medizin der Krafttiere

Auf die Sprache des Körpers achten

Leider haben wir verlernt, Hilfe für Gesundheit in uns selbst zu suchen. Stattdessen lesen wir in Büchern nach, was uns fehlen könnte, oder wir wünschen eine Diagnose vom Arzt, der weiß, was wir »haben« und was *er* tun muss, damit es uns wieder besser geht. Ein Medikament der bestens verdienenden Pharmaindustrie, ausprobiert an einer Unzahl leidender Tiere, ist oft die vermeintliche Lösung. Dass damit das Übel nicht an der Wurzel gepackt wird, ist mittlerweile den meisten klar. Ein Schmerzmittel

– und der Magen- oder Kopfschmerz ist »weg«. Doch wir nehmen damit auch dem *Körper die Sprache weg* – zumindest vorübergehend. Denn mit dem Schmerz sagt der Körper: »Hallo, schau hin, etwas ist nicht in Ordnung, tu etwas!«

Jeder Teil unseres Körpers kann reden. Seine Sprache heißt nicht Deutsch oder Englisch, sondern *Symptom, Krankheit.* Seine Worte sind Hautausschlag, Durchfall, Müdigkeit, Asthma, Verspannung ... Wie anders sollte er sein inneres Ungleichgewicht zu erkennen geben? Eine Beschwerde oder ein Symptom ist zunächst wie ein Mensch mit einer Binde vor dem Mund. Der Gebundene kann sich nur mit »mmm! mmm!« ausdrücken, um auf sich aufmerksam zu machen. Nehmen wir ihm die Binde ab, kann er uns seine Geschichte erzählen. Wie können wir übersetzen, was der Körper uns mitteilt?

Die Krafttiere helfen uns, die Sprache des Körpers zu verstehen.

Die Lautstärke der Körperstimme

Bevor Sie erfahren, wie die Krafttiere unsere Symptome »übersetzen«, möchte ich anhand eines fiktiven Beispiels etwas über die verschiedenen Lautstärken der Körperstimme erzählen, und über die mögliche Konsequenz, wenn man sie nicht ernst nimmt.

Manchmal spricht der Körper *leise:* Die Beschwerden sind selten, tun nicht allzu weh. Vielleicht spürt man hin und wieder bei Stress oder zu viel Alkoholkonsum ein

Die Lautstärke der Körperstimme

Zwicken oder Brennen im Magen. Wir denken: »Kein Problem, das wird sich von alleine geben.« Bei *akuten* Beschwerden geschieht dies ja auch, solange der Körper genügend Kraft hat. Zum Glück!

Missachten wir jedoch über längere Zeit ein Lebensgesetz, laufen längere Zeit im Dickicht statt auf dem freien Weg, wird der Körper früher oder später zu jammern beginnen. Er wird uns *etwas lauter und deutlicher sagen:* »Du, pass auf, du ignorierst etwas Wichtiges!« Er wird dies natürlich wiederum über Beschwerden ausdrücken. Und aus dem Zwicken und Brennen, das wir großmütig unbeachtet ließen, wird ein länger andauernder und ungemütlicher Schmerz. Möglicherweise ist hier weiterhin »nur« die *Funktion* des Organs gestört. Die Magenwände sind noch intakt, aber die Zellen, die Magensäure produzieren, überreagieren nun: Sie produzieren mehr und mehr Säure, so, als stressten sie herum wie der Inhaber des Magens selbst. Sie funktionieren längst nicht mehr wie im gesunden Zustand – die Beschwerden sind *chronisch* geworden. Angenommen, wir nehmen den Magen jetzt immer noch nicht ernst genug und denken: »Der Job verlangt diesen Stress, allen geht es gleich, ich bin doch hart im Nehmen. Ruhe? Ach was, dafür habe ich keine Zeit!«

Der bedauernswerte Magen hat nun als »fest eingebauter« Teil des Menschen keine andere Wahl, als den Unsinn mitzumachen. Wäre er selbstständig genug, würde er sich wohl auf die berühmte Insel absetzen, um Ferien zu machen. Was aber tut er in seiner Not? Er beginnt zu schreien und zu toben, die Säure frisst sich wie eine Zecke in die Magenwand und lässt sie nicht mehr los. Bohrende Schmerzen, Übelkeit und Erbrechen stellen sich ein. Das Resultat lautet: Magengeschwür.

Die Missachtung der inneren Stimme führte also zu einem *organischen* Schaden, der in der Tat ernst ist. Selbst die Hartgesottensten können die inneren Gesetze nun nicht mehr negieren, sonst landen sie mit einem Magendurchbruch auf der Intensivstation.

Es kann aber auch sein, dass wir Besserung gelobt und unsere Lebensgewohnheiten längst geändert haben, doch das Magenproblem will sich einfach nicht beruhigen. Es ist chronisch geworden und hat sich *verselbstständigt*. Wie ein Kind, das aus einem verzweifelten Weinen von allein nicht mehr herausfindet, plärrt es vor sich hin. Die Missachtung der inneren Stimme hat sich wahrlich nicht gelohnt. Sie schrie die ganze Zeit vergeblich: »Nimm dir Zeit! Du brauchst dringend Ruhe!«

Jede Beschwerde, wie klein oder groß sie auch sei, ist ein Hinweis darauf, dass wir nicht auf der idealsten Route unseres Lebens laufen. Es ist, als ob wir von der Mitte abweichen und dadurch an die Leitplanken krachen. So verstanden, ist die Erkrankung kein Feind, sondern eher ein *Freund,* der uns unweigerlich darauf aufmerksam macht, wo unsere Grenze ist. Hören wir so früh wie möglich darauf, kann der Aufprall glimpflich verlaufen. Ignorieren wir sie jedoch allzu leichtsinnig, kann es sein, dass es uns weit über die Leitplanke hinaus in den Abgrund trägt.

**Krafttiere führen uns auf kluge Weise
in unsere Mitte zurück.**

Vom Sinn der Krankheit

Der Sinn einer jeder Erkrankung ist deren Heilung. Sie kommt und sagt uns: »Heile mich!« Eigentlich logisch. Doch was machen wir daraus? Hand aufs Herz: Wie gehen Sie mit Ihrer Erkrankung um? Leben Sie mit Ihren Beschwerden jahrein, jahraus? Bemühen Sie sich um *Heilung* oder verdrängen und *unterdrücken* Sie Ihr Leiden? Sie werden sich fragen, woran man den Unterschied erkennt.

Die Faustregel ist einfach: Durch ein chemisches Arzneimittel beispielsweise wird eine Erkrankung unterdrückt. Sie wird dadurch nicht geheilt, sondern an einen anderen Ort im Organismus verdrängt. Meist ist dieser Ort zentraler gelegen, als die vorhergehende Erkrankung es war. Das ist ebenfalls logisch, denn der Körper versucht ja mit all seiner Kraft, eine Erkrankung so weit wie möglich von den lebensnotwendigen Organen fern zu halten. Auch wenn ein Medikament lindernde Wirkung haben kann, für (scheinbare) Stärke und Besserung sorgt – die Ursache ist damit nicht geheilt. Auf Dauer wird die Kraft des Körpers geschwächt, wodurch er an Möglichkeit verliert, die Erkrankung nach außen zu befördern.

Das klassische Beispiel, das in der homöopathischen Behandlung oft benützt wird, um den Verlauf einer Unterdrückung klar zu machen, ist der mit Cortison behandelte Hautausschlag, der dann zwar »weg« ist – die Frage ist nur, wohin er gegangen ist – und sich später in Form von Asthma, Gelenkerkrankungen oder anderem erneut zeigen kann.

Weshalb geht es vielen Menschen so schlecht? Zu vieles ist in Unordnung und nicht geheilt. In der Schlummerkiste wartet das Unerlöste auf seine Beachtung und Verwandlung. Durch verschiedenste Gründe wird die Lebenskraft wie eine Maus in eine Ecke gedrängt; in eine Sackgasse mit dem Straßenschild »Krebs«, »Depression« usw. Oder aber die Erkrankung verlagert sich als letzter Ausweg ins Geistige. Die Psychiatrien sind überfüllt und die Psychiater gefordert.

Es ist also tatsächlich logisch und keineswegs banal, wenn es heißt: Der Sinn einer jeder Krankheit ist deren HEILUNG. Die Menschheit hat viel zu tun!

Eine Krankheit ist kein Zufall. Immer hat sie ganz persönlich mit uns, unserer energetischen wie auch genetischen Vorgeschichte und/oder unserem gegenwärtigen Verhalten zu tun. Lebten wir gänzlich in unserer Mitte, würden wir nicht krank. Je mehr wir uns von uns selbst entfernen, umso ernsthafter wird die Krankheit sich zeigen.

Was mich deshalb immer wieder an Krankheiten fasziniert, ist die körperliche, seelische oder auch geistige Verbindung mit ihrem Hintergrund. Was dieser Hintergrund ist, verrät uns die Reise nach innen. Mit Hilfe der Imagination können wir Schritt für Schritt den inneren Berg an Ungeheiltem abbauen und uns unserem eigentlichen Wesen in seiner Vollkommenheit annähern. Ist die Natur nicht durchaus genial eingerichtet? Gerade weil sie so perfekt funktioniert, ist mein Respekt vor ihr so groß. Niemals würde ich sie durch fremde Einmischung ernsthaft stören wollen!

Was können wir also tun? – Beginnen oder fortfahren, uns von der Allwissenheit der Imagination durch den Dschungel unseres Selbst führen zu lassen, damit geheilt werden kann, was nicht heil ist. So einfach ist das – aber arbeitsintensiv! Und wie gerecht vom Universum, dass die

Voraussetzungen dazu nicht gekauft werden können, sondern allen zugänglich sind: nämlich Offenheit, Vertrauen und Ausdauer!

Krafttiere aktivieren die Selbstheilungskraft

Wie kann *Heilung* letztendlich geschehen, werden Sie sich vielleicht noch immer fragen. Der Akt der Heilung ist meines Erachtens nach wie vor ein Geheimnis des Lebens. Weder ist es ein Medikament noch ist es ein Krafttier, das heilt, sondern es ist immer die *Lebenskraft*, die eine Genesung wirklich ermöglicht. Das Ziel einer jeden *gesundheitsfördernden* Medizin ist es also, die Lebenskraft *anzuregen* – und nicht, sie zu schwächen.

Das folgende Beispiel zeigt Ihnen, wie geschickt Krafttiere die Selbstheilungskraft anregen und somit Heilung initiieren.

Blasenentzündung

Eine 25-jährige Frau meldete sich in meiner Praxis wegen einer öfter auftretenden Blasenentzündung. Innerhalb eines halben Jahres hatte sich ihre Blase sieben Mal entzündet, und immer wurde sie mit Antibiotika behandelt. Sie hatte also durchschnittlich mehr als eine Entzündung pro Monat! Durch die häufige Antibiotika-Einnahme wurde ihr Immunsystem derart geschwächt, dass sich eine Entzündung nach der anderen entwickelte. Scheidenpilz war regelmäßig die Folge.

Im Laufe des Gesprächs stellte sich heraus, dass sich die Entzündung zur selben Zeit bemerkbar machte, als sie eine alte Beziehung beendet und eine neue begonnen hatte. Seither litt sie nach dem Geschlechtsverkehr öfters unter einer Blasenentzündung. Die neue Beziehung war bei weitem nicht so harmonisch wie die alte. Der jetzige Freund verhielt sich oft ausfällig, aggressiv und respektlos. Die Freundinnen und der Kollegenkreis rieten ihr längst, dieses Verhältnis zu beenden. Sie wusste um die Notwendigkeit einer Trennung, aber es fehlte ihr an Kraft, sie durchzuführen. Ich fragte sie, wie sie sich fühlen und sie antwortete, sie spüre eine innere Leere.

Nachdem sie sich dazu entschlossen hatte, sich von ihrer bildhaften Heilkraft unterstützen zu lassen, legte sie sich auf die Liege. Sie brauchte etwas Mut, sich auf die innere Reise einzulassen. Ich bat sie, zu beobachten, ob und wo sie die Leere körperlich wahrnähme. Sie richtete ihre Achtsamkeit auf das Innere ihres Körper und stellte fest: »Im Bauch und im Herzen.« Ich war überrascht, dass es ein so großer Bereich war. Die empfundene Leere im Bauch könnte eine Erklärung für die vielen Blasenentzündungen sein. Ist eine Körperstelle energetisch leer, so ist sie auch schwach und überlässt den Bakterien und Viren sozusagen das Terrain.

Ich fragte deshalb genauer nach, ob bei »Bauch« auch der Beckenbereich gemeint sei, was sie bejahte. Meine Vermutung schien bestätigt, und so wartete ich gespannt auf die Heilgeschichte.

Ich bat sie, ein Bild für die Leere kommen zu lassen. Sie sah sich alleine in einem weiten weißen Raum ohne Konturen. Weit weg von ihr entdeckte sie ihren Freund. Neben ihr gähnte ein tiefes schwarzes Loch, in das sie hätte fallen können. Sie spürte, wie sie die Nähe ihres Freundes aufsuchen wollte, aber keinen Schritt vorankam.

Ich fragte sie, ob auch der Freund ihre Nähe suche. Ambivalent wie er war, schaute er mal zu ihr hin, dann wieder von ihr weg. Sie bewegte sich nun an dem schwarzen Loch entlang. Ich forderte sie auf, sich im Raum umzuschauen, ob irgendeine Hilfe für sie da sei.

Nach einer Weile spürte sie Unterstützung hinter sich; es waren ihre Freundinnen und Kollegen. Ich ließ sie einige Zeit diese Unterstützung fühlen. Der Mut aber, auszuführen, wozu ihr die Freunde rieten, fehlte ihr. Stattdessen fühlte sie ihre deutliche Schwäche und Herzschmerzen. Ich ermunterte sie, sich nach einer weiteren Unterstützung umzuschauen, worauf sie einen Hasen erblickte. Sie sollte ihn begrüßen.

Der Hase bestärkte sie: »Irgendwann wirst du es schaffen!«

Ich fragte die Patientin, ob ihr klar sei, was sie eines Tages schaffen werde. Nach einer Weile sagte sie: »Die Trennung!«, worauf sie zu weinen begann. Sie erinnerte sich daran, dass auch ihr Freund immer wieder festgestellt hatte, wie schwach sie sei.

Der Hase jedoch erwiderte: »Du bist stark!«

Sie weinte erneut und erzählte mir später, dass sie auf diese Worte hin nach und nach ihre alte Kraft wieder zu spüren begann, diese Stärke, welche sie aus der Zeit ihrer alten Beziehung kannte und die auch bei der Trennung präsent war. Der Bezug zu ihrem Körper erschien mir wichtig, und so fragte ich sie, wo sie die Kraft in sich spüre. »Im Bauch und im Unterleib!«, lautete die erfreuliche Antwort. Nun war ich mir sicher – solange diese Energie in ihr wirkte, würde sie an keiner Blasenentzündung mehr erkranken. Und so war es auch.

Wir kennen nun den Hintergrund der vielen Blasenentzündungen. Beurteilen Sie selbst – ist es nicht fast logisch, dass die Blasenprobleme durch die Einnahme von Antibiotika nicht dauerhaft verschwinden konnten, da sich dadurch eines der Grundprobleme, nämlich die Leere, nicht durch Kraft füllen konnte? Der Hase wusste um dieses Defizit und beeinflusste sie mit bestärkenden Worten.

Antibiotika, Cortison, Schmerzmittel, fiebersenkende oder entzündungshemmende Mittel nehmen dem Körper vorübergehend die Sprache, das heißt das Symptom weg. Durch das Verschwinden der Beschwerden erfährt der Patient zwar Erleichterung, jedoch keine wirkliche Genesung – denn der Organismus als Ganzheit wird geschwächt.

Krafttiere verstehen es, unsere Selbstheilungskraft zu stärken. Sie schaffen die Voraussetzung, dass eine Krankheit möglicherweise gar nicht erst entsteht.

Hinter jedem Leiden wartet eine Heilgeschichte

Worunter leiden Sie? An Kopfschmerzen? An Migräne? Oder stört Sie am Fuß eine Warze? Sind Sie gerade wieder einmal erkältet oder hat Sie die Grippe erwischt? Es gibt so viele alltägliche Leiden! Und hinter *jedem* steckt eine Heilgeschichte ...

Ich selbst spürte kürzlich zum Beispiel einen empfindlichen Zahnhals. Ich mochte nicht zum Zahnarzt gehen, deshalb rief ich die Imagination zu Hilfe. Ich sah den Zahnhals um ein Vielfaches vergrößert. Ein winziger Pinsel flickte Stück für Stück Paste oder Lehm darauf. In der inneren Zeit dauerte das eine Ewigkeit, in der äußeren Zeit verstrichen vielleicht zwei Minuten. Der imaginäre Stoff an meinem Zahnhals hält noch immer, und ich kann ohne Probleme wieder kaltes Wasser trinken und Schokolade essen ...

Welch geistiges Werkzeug uns allen doch zur Verfügung steht! Einmal hatte ich einen eitrigen Pickel, der statt zu heilen immer größer wurde, weshalb ich schon einen Abszess befürchtete. Ich wurde ängstlich und rief wie gewohnt meine Hausärztin, die Imagination. Ich sah, wie ein Stuhlbein auf etwas Undefinierbarem stand. Es wurde mir gleich klar, dass ich das Etwas vom Stuhlbein befreien musste. Am anderen Tag war der Pickel zu einem winzigen Punkt zusammengeschmolzen. Offenbar konnte zuvor der Eiter nicht abfließen, da etwas auf ihm stand.

Das Wunderbare des menschlichen Systems ist, dass die Imagination bei jedem Leiden genau weiß, was sie zu tun hat. Sie erwartet uns mit denjenigen Bildern, die uns gut tun.

Kopfschmerz

Jenny, Gymnasiastin, litt unter dem enormem schulischen Leistungsdruck, der ihr täglich Kopfschmerz verursachte.

> **Auf ihrer Bilderreise** wurde sie von einer Raubkatze zu Eingeborenen geführt, die um ein Feuer tanzten. Die Katze teilte ihr mit, sie solle in diesem Feuer all ihre Probleme verbrennen. Als ich Jenny fragte, wie es ihr dabei gehe, antwortete sie, sie fühle einen starken Druck auf der Stirn, aber die verbrennenden Probleme würden sie erleichtern.
>
> Von der Raubkatze wurde sie schließlich aufgefordert, mit den Eingeborenen zu tanzen. In diesen rhythmischen Bewegungen fühlte sie sich frei, und ich ermunterte sie, dieses Gefühl im ganzen Körper zu spüren.
>
> Sie tanzte in ihrer Vorstellung rund eine halbe Stunde lang. Ab und zu meldete sie, der Kopfschmerz werde deutlich leichter. Als der Tanz zu Ende war, verabschiedete und bedankte sie sich bei den Leuten und der Raubkatze.
>
> Sie war schmerzfrei!

Wie wichtig doch *erleben* für die Genesung ist! Dadurch, dass Jenny ausgelassen tanzte, konnte sich ihr Kopfinneres entspannen und der Schmerz sich verflüchtigen.

Je mehr wir uns auf eine Bildgeschichte einlassen, umso größer ist deren positiver Effekt. Wir sind mit einer Instanz verbunden, die jederzeit und sofort weiß, welche Geschichte uns abholen soll, um uns in eine verbesserte innere Lebenslage zu bringen.

Sind Sie sich dieser Instanz bewusst?

Krafttiere sind die inneren Heilungsexperten

Wie eigentlich kommt der Mensch dazu, von einem anderen Menschen zu erwarten, dass der ihn heile? Wie kommt es, dass das Vertrauen in einen anderen Menschen größer ist als in sich selbst? Sie mögen einwenden, dass der Arzt oder die Heilpraktikerin sich weit länger mit Krankheiten auseinander gesetzt hat, als Sie dies taten oder tun und die Experten also mehr wissen müssten.

Ich erzähle Ihnen eine Geschichte, die dies widerlegt. Sie zeigt, dass auch Sie alles über sich wissen und Ihren Heilweg kennen – und zwar weit über angelerntes Wissen hinaus! Wohl gemerkt, der Patient in der folgenden Geschichte ist ein *Kind* – es hat also bestimmt noch kein Medizinstudium hinter sich!

Bettnässen

Tonio ist elfjährig und nässt nachts noch immer mehrmals wöchentlich das Bett. Homöopathisch war ich nicht besonders erfolgreich und auch die Puppenspieltherapie konnte ihm nicht helfen. Wir hatten uns schon viele Gedanken darüber gemacht, was ihm wohl fehlen möge: Hat er ein seelisches Problem? Aber welches? Besteht eine hormonelle Störung? Liegt er auf Wasseradern?

Als das Bettnässen wieder einmal besonders häufig geschah, führte ich Tonio ins Reich der inneren Bilder. Tonio legte sich auf die Liege und schloss die Augen. Ich empfahl, sich an einen Ort zu begeben, an welchem er sich wohl fühle. Ich dachte, er würde sich eine schöne Stelle im Wald oder am Strand auswählen. Er aber setzte sich in seiner Vorstellung bei sich zu Hause in den Ledersessel vorm Fernseher. Ich wollte wissen, ob ein Film laufe. »Ja«, nickte er, »Star Wars«.

R. (Rüesch): »Schau dich um in der Stube, ob du da noch was siehst. Vielleicht ein Tier oder ein anderes Wesen? Du brauchst bloß zu schauen, was du siehst, du brauchst nichts zu überlegen!«
T. (Tonio):»Ich sehe einen Roboter! Der aus dem Film *Star Wars*. Er ist hier in der Stube und läuft umher.«
R.: »Schön! Begrüße ihn und frage ihn, was heute geschehen soll, damit du nachts nicht mehr ins Bett pinkelst.«
(Ich sah von außen, wie Tonio sich konzentrierte und schaute, was der Roboter tat.)
T.:»Er hat eine Uhr bei sich und zeigt sie mir.«
R.: »Weißt du, was er dir mit dieser Uhr sagen will?«
T.: »Nein.«
R.: »Frage den Roboter, der weiß es!«
T.: »Der Roboter sagt, diese Uhr reguliere das Wasser.«
(Ich war verblüfft über die Wortwahl des Roboters.)
T.: »Der Roboter sagt, dass immer dann, wenn die Uhr unten ist, jemand aufs WC muss.«
R.: »Frag den Roboter, was geschehen soll, damit du nicht mehr nachts aufs WC musst, sondern erst am andern Morgen.«
T.: »Der Roboter sagt, man müsse die Uhr anhalten.«
R.: »Weißt du, wie das geht?«
T.: »Nein.«
R.: »Frag den Roboter!«
T.: »Der Roboter sagt, ich müsse eine Aufgabe lösen.«
R.: »Weißt du welche? Frag den Roboter.«
T.: »Der Roboter sagt, ich müsse wissen, wie viele Roboter sie seien.«
R.: »Und, kennst du die Zahl?«
T.: »Nein.«
R.: »Sag dem Roboter, dass du es nicht weißt und frage ihn.«

T.: »Der Roboter sagt, sie seien sechzig und er sei der Chef.«
R.: »Frag den Roboter, ob jetzt noch etwas geschehen soll oder ob das reicht.«
T.: »Der Roboter sagt, das reiche vermutlich. Man solle die Uhr jetzt nicht stressen, sie brauche ein paar Tage Zeit, bis sie neu eingestellt sei.«
R.: »Frage ihn, was ist, wenn es nicht reicht.«
T.: »Der Roboter sagt, dann solle ich bei ihm anklopfen und zu einer weiteren Untersuchung kommen.«
R.: »Gut. So verabschiede dich nun beim Roboter und bedanke dich. Lass dir alle Zeit, die du noch brauchst, bis du die Augen wieder öffnen willst.«

Tonio erzählte mir anschließend, dass die Uhr keine Zeiger hatte, sondern verschiedene Kreise, in denen ein Männchen rannte. Immer, wenn das Männchen unten war, war es Zeit zum Pinkeln.

Wir alle waren perplex über die wunderbare Geschichte, die aus Tonios Innerem kam und natürlich sehr neugierig, ob nun trockene Nächte folgten. An einen so einfachen Grund hatte niemand gedacht, dass Tonios »innere Pinkeluhr« falsch eingestellt war. Wie hätten wir sie auch anders einstellen können ohne die Hilfe des Roboters?

Vier Wochen später rief Tonios Mutter an. Der Bub habe die übernächste Nacht und eine Woche später nochmals ins Bett gepinkelt, sei aber seither trocken geblieben …

Die Geschichte Tonios fasziniert mich auf eine spezielle Weise: Dass ein schon etwas älteres Kind nachts noch vermehrten Harndrang hat, kann verschiedene Gründe haben. Einer davon ist ein hormonelles Fehlverhalten des ADH (Anti-diuretisches Hormon). Es ist die Aufgabe und

Funktion der Hormone, den zeitlichen Ablauf aller Vorgänge im Körper zu regulieren. Gemeinsam bilden die Hormone sozusagen ein Uhrwerk, das garantieren soll, dass alle Prozesse im Körper, wie zum Beispiel die Verdauung, die Fruchtbarkeit oder die Harnproduktion, zum richtigen Zeitpunkt ablaufen.

Normalerweise wird tagsüber weniger ADH ausgeschüttet, das heißt, es wird vermehrt Urin produziert. Nachts jedoch ist im Normalzustand die Hormonausschüttung aktiviert, sodass wir in Ruhe schlafen können und nicht unter ständigem Harndrang leiden.

Tonios Geschichte brachte genau die Bilder und sogar die Worte seines Hormonsystems: »Der Roboter sagt, diese Uhr *reguliere das Wasser.*« Wie konnte es sein, dass dieser elfjährige Bub über komplexe physiologische Vorgänge im Körper Bescheid wusste? Die *Imagination* jedoch hatte Kenntnis davon und das Problem in Bildform präsentiert. Mehr noch: Das Krafttier – hier der Roboter – hat es zugleich gelöst!

**Die Imagination ist Chefärztin
auf sämtlichen Gebieten. Gibt es einen Grund,
ihr nicht zu vertrauen?**

Die Medizin ist *in* uns!

Der Mensch von heute hat vergessen, was es heißen kann, *ganz* Mensch zu sein. Unsere Konzentration bezüglich Medizin ist nach außen gerichtet. Wir erwarten das Heilmittel von rettenden Pharmaindustrien. Somit haben wir einen Teil unseres Menschseins abgegeben, verloren. Kein Aufschrei geht durch die Menschen, weil es längst normal ist. Wem ist es heutzutage schon bewusst, dass wir eigentlich fortwährend mit der Ganzheit verbunden sind? Und dies konkret, einfach praktizierbar!

Was bedeutet das für Leidende? Indem wir an einer Krankheit leiden, zeigt unser Organismus, dass uns etwas fehlt. Da uns etwas fehlt, sind wir logischerweise diesbezüglich nicht *ganz*, nicht gesund.

Die Imagination, die Allwissende und Alleskönnende, bringt uns wieder in Verbindung mit dem, was uns fehlt. Sie ergänzt uns in unserer Unvollkommenheit und macht uns in unzähligen Schritten »ganzer«. *Die Voraussetzung besteht darin, dafür bereit zu sein, zu vertrauen und mit der inneren Kraft in Verbindung zu bleiben.*

Ein wunderbares Beispiel dafür ist Stefanies kleiner Hase. Vielleicht leiden auch Sie – wie Stefanie – an einer Erkrankung, die nicht ganz einfach zu heilen ist. Stefanies Hase wird Ihnen möglicherweise wieder Mut machen und Sie ermuntern, mit Ihrem eigenen Krafttier Kontakt aufzunehmen. Denn so einfach kann Heilung sein:

Neurodermitis

Stefanie war zehn Jahre alt und litt seit ihrem ersten Lebensjahr unter Neurodermitis. Sie hatte in ihrem jungen Leben schon viele Behandlungsarten ausprobiert. In ihren Reisen zur Heilung der Haut erschienen Tiere, die ihr Säfte zubereiten. Und so verlief das Gespräch:

> **Hase:** »Schön, dass du gekommen bist! Ich helfe dir mit der Haut. Ich hatte das auch mal, das ist lästig!«
>
> Der Hase suchte daraufhin Beeren, füllte sie in ein Fläschchen und schüttelte es. Dann wurde Stefanie vom Hasen an sämtlichen juckenden Stellen wie an Hals, Gesicht und Ellbogen mit dieser Tinktur eingerieben, was eine Weile dauerte. Entzückt stellte Stefanie fest, wie der Juckreiz nach und nach verschwand.
>
> Als die Prozedur beendet war, riet das Häschen: »Immer wenn es dich juckt, kannst du dich damit einreiben! Besuche mich mal wieder!«

Stefanie war zufrieden mit der Wirkung des Saftes. Immer wenn es juckte, rieb sie sich ein, entweder mit dem – imaginären (!) – Beerensaft oder aber mit Salzwasser, was ihr ein ebenfalls imaginärer Delphin einmal empfohlen hatte.

Zwei weitere Male war es nötig, zu mir zu kommen, um das inzwischen geleerte Fläschchen (geistig) aufzufüllen. Ihre Mutter berichtete, dass noch keine Behandlungsart so viel Besserung gebracht hätte wie diese Säfte der Tiere. Stefanies Haut wurde und blieb über Jahre schön und fein.

Oft bin ich überrascht, wie einfach Hilfe sein kann. Zwei ungünstige Faktoren kamen bei dieser Geschichte zusammen: Zum einen ist Neurodermitis eine chronische Erkrankung; zum andern gibt es in Stefanies Familie neben Neurodermitis noch andere Hauterkrankungen. In diesen Fällen weiß ich, dass Genesung Zeit braucht, weil die Wurzeln des Leidens tief stecken. Umso erstaunlicher, wie einfach und effizient die Lösung der Krafttiere war!

**Die Imagination zeigt uns,
wie perfekt der Mensch eigentlich ist.
Bleiben wir mit der Kraft verbunden,
die die Krafttiere in uns ausgelöst haben,
wirkt sie als innere Medizin.**

Die Sackgasse des schlechten Gewissens und der Sprung hinaus

So manche Lebenslage bringt es mit sich, dass einen das schlechte Gewissen plagt. Manchmal hilft ein Gespräch mit dem »Opfer«, aber nicht immer ist dies entlastend oder gar möglich. Ich habe bereits erwähnt, dass uns die Krafttiere in *jeder* Situation unterstützen, selbst dann, wenn wir glauben, einen Fehler begangen haben. Ob dies tatsächlich ein Fehler war, das sieht unsere *innere* Weisheit oft ganz anders, als es uns Erziehung, Kultur oder Religion beigebracht haben.

Es ist eine Tatsache, dass die Imagination aus einem weit größeren Bewusstsein heraus zu uns spricht, als wir gewohnt sind, zu denken und zu fühlen. Unsere Vorstellung darüber, was »richtig« und »falsch« ist, stammt ja aus einer kulturellen Prägung, die so unvollkommen ist wie wir Menschen selbst. Die Erde sähe ganz anders aus, wäre die Menschheit in wichtigen oder auch alltäglichen Entscheidungen mit der Imagination verbunden!

Schauen Sie nun, wie die inneren Bilder das Problem des schlechten Gewissens bei folgender Patientin gelöst haben – und beachten Sie auch, wie selbst ein unbegründetes schlechtes Gewissen erheblichen Schaden anrichten und den Körper in Mitleidenschaft ziehen kann!

Beinschmerzen

Ursula, Mitte vierzig, litt unter enormen Knochenschmerzen im Schienbein, die sich wie Messerstiche anfühlten. Jedes Frühjahr tauchten diese Schmerzen während einiger Wochen auf. Um sie auszuhalten, schluckte sie ein starkes Schmerzmittel, dessen Wirkung aber oft nicht ausreichte.

Ich erkundigte mich nach den Umständen, bei denen der Schmerz das erste Mal eingetreten war. Kaum ausgesprochen, brach Ursula in Schluchzen aus: »Mein Bruder war vier Monate zuvor an Krebs gestorben! Und sechs Wochen davor habe ich meinen jüngsten Sohn geboren. Ich hatte einfach nicht die Kraft, auch noch für meinen Bruder da zu sein! Ich habe lediglich kurz vor seinem Tod noch unsere Eltern zu ihm gefahren.« Ihre Reise zu den Krafttieren war kurz, aber erleichternd:

> Kaum hatte sie sich entspannt, begann sie über den Tod des Bruders zu weinen. Ihre Beine wurden dabei schwer und immer schwerer. Die Unterschenkel fühlten sich so bleiern an, dass sie die Treppe nicht hinaufzusteigen vermochte, die sie vor sich sah. Oben an der Treppe wartete ein Vogel. Er sagte:

Die Sackgasse des schlechten Gewissens und der Sprung hinaus

»ES IST GUT!«
Ursula wusste gleich, was er meinte, aber sie konnte es ihm nicht glauben. Der Vogel beharrte darauf: »Doch, glaube mir, es ist gut so! Du hast mir die Eltern zur richtigen Zeit gebracht. So konnte ich mich noch von ihnen verabschieden. Ich hatte darauf gewartet. – Dein Schienbeinschmerz wird sich legen, aber du musst akzeptieren, dass es gut ist.«

Der Schmerz verminderte sich, hielt aber doch noch einige Tage an. Zu Hause besuchte Ursula den Vogel innerlich und fragte ihn, wieso sie noch unter Schmerzen leide. Der Vogel antwortete ihr, die Heilung brauche ihre Zeit, das Übel bestehe schon so lange. In den folgenden Tagen löste sich der Schmerz vollständig auf.

Immer wieder hob Ursula hervor, welchen Unterschied es ausmache, von *innen* her bestätigt zu erhalten, *dass es gut sei*. So könne sie es annehmen. Mit dem Vertrauen verging auch der Schmerz. Hätte ich ihr dieselben Worte gesagt, die der Vogel mitteilte, sie hätte es nicht gleichermaßen glauben können, und die Beseitigung des Beinleidens wäre höchst fraglich gewesen.

Im Frühjahr des darauf folgenden Jahres rief ich die Patientin an, um nachzufragen, wie es ihr und ihrem Bein gehe. Sie berichtete, gerade die vergangenen Tage habe sie ihren Beinschmerz ein wenig gespürt. Die Schmerzperiode sei jedoch bedeutend kürzer und viel erträglicher gewesen als vor der ersten Heilreise. Nachts, wenn er jeweils am schlimmsten gewesen war, spüre sie nichts mehr. Tagsüber hielte sie es ohne Schmerzmittel aus. Gerade gestern habe sie beim Autofahren mit ihrem gefiederten Ratgeber geredet. Er habe ihr versprochen, dafür zu sorgen, dass die Schmerzen verschwinden. »Hab Geduld! Du tust zu viel!«, hatte er sie ermahnt. Das ganze

Jahr hindurch pflegte sie ab und zu Kontakt zu ihm und nahm gerne seine Tipps entgegen, wobei die Schmerzen weiterhin abnahmen.

Die Gewissheit aus dem Innern lässt Zweifel und Qualen schmelzen.

Krafttiere – immer im Handgepäck

Flugangst

Als ich eines Tages in die Ferien verreiste, mahnte mich eine Freundin mit Schalk in den Augen: »Hast du die Imagination eingepackt? Man weiß ja nie …«

Im Rucksack ein kleines Set Pflaster und Desinfektionsmittel, einige wichtige homöopatische Notfall-Globuli und für alle Fälle die Imagination – was kann da noch schief gehen?!

Im Flugzeug dann, als die Gäste vom Sturm geschüttelt unruhig wurden, kramte ich gelassen die Imagination aus dem Reisegepäck und unterhielt mich mit dem wilden Drachen, der emporstieg. Er begrüßte mich im balinesischen Hoheitsgebiet und verdeutlichte mir, dass diese Stürme in all ihrer Heftigkeit dazugehörten und ich mir im Übrigen keine Sorgen zu machen brauche. Wie immer vertraute ich der Imagination und ließ mich – ganz gelassen – von den Stürzen in die Luftlöcher gratis massieren, während anderen der Schweiß ausbrach.

Quizfrage: Was ist das? Man kann sie nicht liegen lassen, man kann sie höchstens vergessen! Die Auflösung finden Sie auf Seite 20 oben, als letztes Wort in der Überschrift (und dann immer wieder ... ☺)!

Wie groß ist die Liebe des Universums doch, dass es für unseren Aufenthalt auf Erden etwas erfunden hat, das uns immer umgibt, das wir jederzeit in uns tragen und wir in der Tat sogar bei einem Erdbeben nicht verlieren können! Wie misslich unsere Lage auch sein mag – selbst wenn wir die gesamte materielle Existenzgrundlage verlieren – etwas bleibt uns: Die Unterstützung der Krafttiere!

Die Imagination – immer dabei!

Vertrauen in die Imagination macht das Unmögliche möglich

Das Vertrauen in die geistige Kommunikation mit allem, was uns begegnet, hat mir selbst schon erstaunliche Erlebnisse in der *äußeren, physischen* Welt beschert. Das Gespräch findet geistig statt, und der Ansprechpartner, wer oder was immer das ist (ein schwerbehinderter Mensch, ein Baby, ein Tier, ein Haus, ein Baum, ein Weg ...), wird in derselben inneren Haltung wie bei der Arbeit mit den Krafttieren direkt angesprochen. Eine Kostprobe:

Die Medizin der Krafttiere

Das Ungeborene in eine neue Lage bringen

Sandra befand sich wenige Tage vor dem Geburtstermin. Dies bedeutete, dass im eng gewordenen Bauch für das Kind nur noch wenig Platz vorhanden war. Da das Kind in der falschen Stellung lag, würde der Erstgebärenden nun eine Steißgeburt bevorstehen. Da diese jedoch mit einem hohen Risiko verbunden ist, wird in solchen Fällen mit ziemlicher Sicherheit meist ein Kaiserschnitt durchgeführt. Es war Freitag. Am selben Morgen hatte sie noch ihre Frauenärztin konsultiert.

Ich bat die künftige Mutter, sich rücklings auf die Liege zu legen. Sie erklärte mir die genaue Lage des Kindes. Wichtig war dabei vor allem, die Position des Köpfchens und des Pos zu erfassen. Ich hielt meine Hände auf ihren Bauch und versuchte mit dem Ungeborenen Kontakt aufzunehmen. Ich begrüßte es und ließ das Kind einige Zeit auf mich wirken. Dann erklärte ich ihm, es solle sich drehen. Ich hielt eine Hand auf seinen Po, die andere an seinen Kopf. Mit leichtem Druck und vor allem mit der klaren gedanklichen Absicht, wohin es sich bewegen sollte, wollte ich das Kleine in die richtige Position führen. Ich zeigte ihm die anstehende Drehbewegung ein paar Mal. Dabei spürte ich, wie sich der Kopf des Ungeborenen energetisch in die genannte Richtung streckte, aber physisch am Ort blieb. Ich war mir ganz sicher über diese Wahrnehmung. Es kam mir so vor, als ob das Kind begriffen hätte, was es zu tun hat, aber aus einer Art Zaghaftigkeit die Bewegung nicht auszuführen wagte. Ich beruhigte das Kind und machte ihm Mut.

Der Mutter mischte ich für die darauf folgenden Tage Bach-Blüten-Tropfen, die den Mut des Kindes stärken sollten. Sie sollte sie einnehmen und auch den Bauch damit einreiben, verbunden mit ermunternden Gedanken an das Kind, sich zu drehen.

Am darauf folgenden Dienstag hatte Sandra erneut einen Termin bei der Frauenärztin. Das Abtasten und der Ultraschall zeigten, dass sich das Kind in der Zwischenzeit tatsächlich gedreht hatte! Sandra erzählte mir unter Freudentränen, sie hätte bereits am Samstag das Gefühl gehabt, etwas in ihrem Bauch sei anders ...

Dank der Intuition und der Imagination blieb Sandra wahrscheinlich eine Kaiserschnitt-Entbindung erspart. Mutter und Kind erlebten eine normale, vaginale Geburt. Ich wünsche beiden alles Gute und viel Mut im Leben!

Wenn Sie Ihrer Imagination und Intuition vertrauen, wird Erstaunliches möglich! Sprechen Sie das »Objekt« *direkt* **an und lauschen Sie auf eine geistige Antwort oder auf einen Impuls.**

Krafttiere arbeiten vorwärts orientiert

Angst vor der Geburt

Eine hochschwangere Frau fühlte große Angst und Verzweiflung, für die bevorstehende Geburt nicht genügend Kraft zur Verfügung zu haben. Ich versuchte sie zu beruhigen, doch meinen Vorschlag, eine innere Reise zur Unterstützung ihrer Kraft zu machen, wehrte sie voller Entsetzen ab: »Das kann ich mir nicht leisten – meine Vergangenheit war derart schwierig, dass ich es mir nicht vorstellen kann, jetzt wieder in diese Gefühle einzutauchen!« Ihre Befürchtung und ihre Vorstellung, was innere Unterstützung bedeute, erstaunten mich, und ich versicherte ihr, sie brauche keine Angst zu haben, sie werde *Hilfe* aus ihrem Inneren erfahren und kein re-traumatisierendes Wühlen im verflossenen Drama. Die Krafttiere wüssten genau, was sie jetzt in diesem Moment benötige. Daraufhin vertraute sie meinen Worten und schloss die Augen.

> **Eine weiße Taube** erschien auf der einen Seite einer Waage mit zwei Schalen. Durch das Gewicht der Taube senkte sich die eine, während die leere Schale nach oben ging. Die Taube rief ihr zu. »Vertraue! Du hast genügend Kraft! Denke während der Geburt immer wieder an mich!«

Nach dieser kurzen Heilgeschichte musste ich lächeln: Weit und breit kein Zurückkehren in ihre schreckliche Vergangenheit, nicht mal eine Annäherung daran. Mittlerweile spürte die Frau, wie Vertrauen in ihre Kraft zurückkehrte. Sie wusste jetzt, dass sie genügend Kraft besitzt und dass sie während der Geburt an ihre Kraftquelle, die weiße Taube, zurückdenken konnte. Die Angst, in die sie sich hineingesteigert hatte, hatte ihr buchstäblich den Zugang zu ihrer Kraft versperrt. Und diese war durch das wiedergefundene Vertrauen nun freigelegt worden.

Die Geburt verlief übrigens recht gut, und die Frau wurde zärtliche Mutter einer süßen Tochter.

Die Geschicklichkeit der Imagination geht so weit, dass sie die Gefahr einer Situation realistisch einschätzt und unsere Ängste, wenn nötig, ernst nimmt. Wir dürfen ihr Grenzen setzen und können uns von ihr dennoch helfen lassen.

Krafttiere wissen, was wir brauchen

Hautausschlag

Eine rund 45-jährige Patientin kam mit trockenem Hautausschlag am Unterbauch, Rücken und an der Brust in die Praxis. Die Haut war stark gerötet und juckte heftig.

Ein Hautausschlag ist, naturheilkundlich betrachtet, im Allgemeinen nichts Schlechtes. Der Körper hat verschiedene Möglichkeiten, Giftstoffe auszuscheiden, unter anderem über die Haut, durch Schweiß oder Hautausschlag. (Andere Möglichkeiten sind zum Beispiel Durchfall und Erbrechen.) Nichts liegt weniger im Interesse der Naturheilkunde, als einen Ausscheidungsprozess (beispielsweise mit Zink-Salbe / Achtung Babysalben!) zu unterdrücken.

Um bei einem störenden Hautausschlag nichts falsch zu machen, *unterstütze* ich eine Ausscheidung durch Reinigung der ersten Auraschicht, des so genannten Ätherkörpers. Das ist diejenige feinstoffliche Schicht, die unmittelbar den Körper und die Organe umgibt. In einem etwas abgedunkelten Raum kann ein sensibler und geübter Beobachter sie leicht leuchten sehen, so, als ob eine kleine Lampe hinter der betreffenden Person steht und sich die Person im Gegenlicht befindet. Menschen, die im feinstofflichen Bereich arbeiten, haben festgestellt, dass Krankheit sich zuerst in diesem Ätherkörper bildet, bevor sie sich im physischen Körper verdichtet. Reinigt und energetisiert man den Ätherkörper, so hat dies eine unmittelbare Auswirkung auf die körperlichen Beschwerden. Die Methode, die ich dafür verwende, nennt sich *Pranic Healing* (Heilen mit kosmischer Lebensenergie).

Ich begann die Behandlung also mit Pranic Healing, reinigte im Ätherkörper die betroffene Haut, die Leber (als wichtiges Ausscheidungsorgan) sowie weitere entscheidende Stellen und energetisierte die entsprechenden Organe. Zur Unterstützung der Heilung bat ich die Patientin – ich nenne sie Mirjam –, ein Krafttier zu rufen, das bereit war, ihr zu helfen.

Sie erblickte einen Bären. Dieser hatte alle Hände oder besser gesagt alle Pranken voll zu tun. Er benutzte eine Art Rechen, mit dem er einen Stall voller undefinierbarer Haufen säuberte. Er putzte kräftig, aber nicht allzu motiviert. Es gab viel zu tun, und er brauchte dazu die Unterstützung von Mirjam.

Beim darauf folgenden zweiten Besuch wiederholten wir das Prozedere. Ich reinigte ihren Ätherkörper, und sie besuchte den Bären, um ihn beim Putzen anzutreiben. Sie sah, wie die Dreckhaufen feiner und kleiner wurden, aber noch immer bedeckte Schmutz den Boden.

Beim vierten Mal spürte ich, dass sich das Energiefeld im kranken Bereich deutlich verändert hatte. Was vorher eine zähe und klebrige Masse war, empfand ich nun als leichter und feiner. Ich spürte intuitiv, dass meine Reinigung mit Pranic Healing nicht mehr notwendig war. Mirjam jedoch wollte diesen Ausschlag auf jeden Fall loswerden, obwohl er kaum mehr sichtbar war. Es juckte zwar noch da und dort, aber sie empfand es unvergleichlich erträglicher als zu Beginn der Behandlung, und doch fühlte sie sich ängstlich.

Auf ihre dringende Bitte hin, sie weiter zu behandeln, bat ich ein Tier, mir zu sagen, ob ich das wirklich tun soll. Sofort tauchte ein Adler auf. Er teilte mir mit, dass es nicht mehr nötig sei. Ich bedankte mich bei ihm und berichtete dies Mirjam.

Ich forderte sie auf, ihren Bären zu besuchen. Der Bär seinerseits hatte den Rechen beiseite gestellt und schaute den letzten Resten von Abfall nach, wie sie im Abflussloch verschwanden. Auf Mirjams Drängen, weiterzuputzen, knurrte er unwillig und tat nichts dergleichen. Im Gegenteil, er ließ den Rechen stehen, packte sein Bündel auf die Schulter und zog des Weges. Seine Arbeit war erledigt.

Mirjam jedoch war nicht glücklich. Alle paar Tage juckte da doch noch etwas! Sie wollte auf keinen Fall, dass diese mühsame Geschichte sich wiederholen würde. Besuchte sie ihren Bären, sah sie, wie er sich immer weiter vom Stall entfernte. Ihre innere Heilkraft war deutlich: Es gab in dieser Hinsicht nichts mehr zu tun.

Ihre Haut blieb für längere Zeit problemlos, was bei der Hartnäckigkeit der Erkrankung schon ein Erfolg war. Dank des Kontakts zu den Krafttieren – zu meinen wie zu ihren – erhielten wir genaue Auskunft, wie weit der Heilungsverlauf gediehen war. Für Mirjam war dieses Erlebnis eine positive Erfahrung mehr, die ihr half, der inneren Bilderwelt zu vertrauen. Sie erfuhr, wie weit ihre Gefühle und die Botschaften der Krafttiere mit ihrer unfehlbaren Sicherheit auseinander klaffen konnten.

(Schlussbemerkung: Die gesamte Behandlung der Haut hätte auch allein mit der Unterstützung der Krafttiere stattfinden können, aber die Patientin hatte damals noch nicht genügend Vertrauen in die Imagination, um die Genesung allein damit zu erlangen.)

**Je mehr wir den Krafttieren vertrauen, umso unnötiger werden lang andauernde Ängste und Zweifel –
das Leben wird einfacher!**

Innere Bilder sind mehr als nur »innere Bilder«!

Wie weit die Fähigkeit des Menschen gehen kann, habe ich dank der Imagination und ätherischer Heilmethoden selbst erfahren. Ein beeindruckendes Exempel, das die Aussage des Pferdes aus dem Kapitel *Krafttiere stellen sich vor* (Seite 29 f.) nochmals bestätigt, zeigt die grenzenlose Wirkkraft der Imagination:

Carmela, knapp vierzig Jahre alt, hatte eine schwierige Beziehung zu ihrer Mutter, die seit Carmelas Kindheit alkoholabhängig war. Auf ihrer inneren Reise tauchte Carmela in diese Kindheit ab. Sie sah ihr trostloses Zuhause mit der blutverschmierten Mutter im Bad des oberen Stockwerks und der kranken Großmutter im Parterre. Die kleine Carmela fühlte sich verzweifelt und hoffnungslos.

Innere Bilder sind mehr als nur »innere Bilder«!

Ein großer Vogel erschien und mit ihm grelles Licht, wie sie es zuvor noch nie gesehen hatte. Carmela erhielt vom Vogel die Aufgabe, ein schweres Tor zu öffnen, was ihr eine enorme Kraftanstrengung abverlangte. Die Bemühung lohnte sich, denn dadurch wurde der Weg zum Licht frei.

Zu ihrem Erstaunen sah sie nun, wie sich unzählige Menschen aus dem Körper der Mutter herauslösten und in einer Kolonne direkt in dieses helle Licht hineinmarschierten. Als die letzte Person darin verschwunden war, forderte der Vogel sie auf, das Tor wieder zu schließen. Carmela tat wie geheißen und fühlte sich nach diesem wunderlichen Ereignis erschöpft.

Nach einem Monat sah ich Carmela erneut. Sie berichtete, sie hätte ihre Mutter seit langem wieder einmal gesehen. Erstaunlicherweise hätten sie es zusammen sehr friedlich gehabt, ohne Streit und sonstige Unannehmlichkeiten. Das erste Mal hatte sie ihre Mutter umarmen können mit dem Gefühl, der bislang offene Kreis sei nun geschlossen. Sie erzählte auch, dass es ihrer Mutter besser ging, dass sie wider Erwarten den Alkohol beiseite lassen könne und verschiedene langjährige Beschwerden von einem Tag auf den andern verschwunden seien. Sie wolle nun ihr Leben leben und nicht mehr daran vorbeigehen. Früher hätte sie alles verplant, nun nähme sie sich Zeit für sich und sei endlich zur Ruhe gekommen. Es sei unbeschreiblich! Die vorher angespannten Gesichtszüge der Mutter seien weicher geworden, ihr Blick klarer.

Leider hatte Carmela vergessen zu fragen, wann genau diese plötzliche Besserung eingetreten war. Als sie dies nachholte, erfuhr sie: Es geschah wenige Tage nach dem Verschwinden der Personen ins Licht ...

**Krafttiere kommen aus der Ganzheit.
Ihnen ist keine Grenze gesetzt.
Entspricht es unserer Entwicklung,
führen sie uns in Sphären fernab
der irdischen Welt.
Wir werden dadurch unmittelbar
mit anderen Ebenen des Seins
vertraut gemacht.**

Was Kinder mich lehrten ...

Gedanken über »anstrengende« Kinder

Wie oft kommt es leider vor, dass die Erwachsenen die Nerven verlieren und die eigene Ungeduld an den Kindern auslassen! Das Verhalten eines Kindes ist jedoch nicht zufällig, oft steht ein Leiden dahinter, und es bräuchte eine Unterstützung. Was uns so »anstrengend« erscheint, ist der Ausdruck eines inneren Mangels oder Ungleichgewichts, für den es auf seine ihm mögliche Art Hilfe sucht. Wie gut zu wissen, dass die Krafttiere den Kleinen helfen können!

Nadja klammert sich an ihre Mutter

Nadja war im Kindergartenalter, als sie zu mir gebracht wurde. Im Alter von zehn Monaten hatte sie eine Tagesmutter bekommen, weil ihre eigene Mutter eine Teilzeitstelle annahm. Die Sehnsucht nach der Mutter äußerte sich jedoch so stark, dass sich selbst die erfahrene Tagesmutter in ihrer Not mit dem leidenden Kind nicht mehr zu helfen wusste. Befand sich Nadja bei der Mutter, »klebte« sie förmlich an ihr. Alles Schimpfen, Bestrafen und alle Tricks wie eine Belohnung versprechen, wenn sie brav sei, nützten seit Jahren nichts. Ihre innere Heilgeschichte verlief folgendermaßen:

Nadja schloss die Augen, und ich begleitete sie in das Land der geistigen Bilder. Ich führte sie durch das große von Efeu bewachsene Tor, hinunter über moosig federnde Stufen, über die Brücke, unter welcher der Bach sprudelte und Fische sprangen. Schließlich forderte ich sie auf, sich an einen schönen Ort zu setzen. Ich sagte ihr: »Du bist jetzt alleine hier, was du nicht gerade magst. Schau dich mal um, ob du ein Tier entdeckst, das dir Gesellschaft leisten und dir helfen wird.«

Es dauerte nicht lange, da sah Nadja ein Reh. Ich ermunterte sie, das Reh zu begrüßen. Nach der Begrüßung wollte das Reh fressen. Es fraß lange Zeit, danach wollte es trinken. Als es seinen Durst gelöscht hatte, entfernte es sich. Ich ließ Nadja das Reh fragen, ob sie ihm folgen solle. Sie hörte, wie das Reh »Ja!« sagte. Plötzlich rief Nadja: »Wir gehen nach Afrika!«

Nadja lag konzentriert auf der Liege, und ich konnte so erkennen, dass sie innerlich schaute und unterwegs war nach Afrika. Ich vernahm nichts von dem, was sie erlebte, bis sie schließlich von selbst ihr Schweigen brach: »Nun geht es nicht mehr weiter!«

Ich wollte wissen, wo sie gerade seien, und sie erwiderte, sie seien in Deutschland. Daraufhin hörte ich sie erleichtert mitteilen: »Ah, wir müssen hinaufklettern! – Nun sind wir in Afrika!«

In Afrika entdeckte Nadja Affen und eine Giraffe. Alle Tiere schlossen sich der Gruppe an. Dazu gesellten sich ein Eichhörnchen und schließlich ein Babyelefant. Das machte mich hellhörig! Ich wollte vom Babyelefanten wissen, wie es ihm gehe. Er klagte sein Leid: Er sei traurig, denn er habe seine Mama verloren. Ich ließ Nadja den Babyelefanten fragen, was er sich von ihr wünsche. Und siehe da: Auch er wollte sich der Gruppe anschließen und mitkommen. Daraufhin dauerte es ein paar Sekunden, und das Mädchen bemerkte abrupt, er habe seine Mama gefunden und die Geschichte sei nun fertig.

Nadja öffnete die Augen, schaute kurz zu mir und dann lange Zeit zu ihrer Mutter, die etwas weiter weg vom Tisch die Geschichte mitverfolgt hatte. Sie blickten sich wortlos an, bis Nadja sie schließlich bat, zu ihr zu kommen, wo sie Mamas Hand fasste und sie an ihre Stirn führte, um liebkost zu werden. Die Mutter nahm sie auf ihren Arm und wiegte sie schweigend. Es war ein inniger und berührender Moment voller Frieden und großer Nähe.

Ich dachte: Endlich hat Nadja ihre innerlich verloren geglaubte Mutter wiedergefunden, welch ein Glück! Schließlich fragte ich Nadja, ob denn die anderen Tiere Erwachsene oder ebenfalls Babys waren. Sie erzählte, alle Tiere seien Babys gewesen und hätten ihre Mütter verloren. Am Schluss hätten sie aber alle ihre Mütter wiedergefunden.

Beim Verlassen der Praxis fügte die Mutter hinzu, das Verlassenheitsgefühl ihrer Tochter sei so groß geworden, dass sie sich von ihr nicht mehr trennen wollte, um am Kindergarten teilzunehmen. Nachts im Bett, in dem sie seit langem nur noch mit der Mutter schlafen konnte, erwachte sie öfters und kontrollierte mit der Hand, ob die Mutter noch da sei.

Ich war sehr berührt von der inneren Einsamkeit, Trauer und Verzweiflung, die das Kind so lange in sich trug, und wartete gespannt auf die Rückmeldung der Mutter. Wie würde sich das Wiederfinden der Tiermütter und ihrer Kinder auswirken? Die Rückmeldung war erfreulich: Das Mädchen schlief jetzt jede Nacht allein, und dies freiwillig. Es war das erste Mal seit *fünf* Jahren!

Interessant war auch, dass sich dieser Effekt auf die jüngere Tochter übertrug, welche nun ebenfalls allein schlafen wollte. Es geschah so etwas wie ein Mitnahmeeffekt. Nadja fühlte sich allgemein zufriedener und freier. Die Zeit der Anklammerung an die Mutter war vorüber, was auch die Tagesmutter freudig begrüßte.

Die Geschichte zeigt, dass weder Strafen noch Belohnungen noch irgendwelche anderen Tricks das Verlassenheitsgefühl hätten heilen können. Nadjas geistige Tiere hatten ihre Mütter verloren, und alles, was sie brauchten, war, sie wiederzufinden.

**Die Krafttiere geben dem Kind nicht nur
Unterstützung in seiner Not,
sondern helfen den Eltern manchmal auch,
ihr Kind besser zu verstehen.**

Vom Wert des Spielens

Freies Spielen droht in unserer leistungsorientierten Gesellschaft außer Mode zu kommen. Hätten die Kinder mehr mitzubestimmen, käme wohl das Spiel auf Rang Eins der sinnvollen Beschäftigungen. Ich sage absichtlich nicht *Freizeit*beschäftigung, denn freies Spielen ist weit mehr als das! Folgende Geschichten von Kindern haben mich mehr gelehrt als irgendwelche wissenschaftlichen Theorien.

Filippo, ein unruhiges und unkonzentriertes Kind

Filippo ist Drittklässler und ein sympathischer Junge. Leider ist er sehr zappelig, nervös, und es fällt ihm schwer, sich in der Schule längere Zeit zu konzentrieren. Und so schleichen sich in Mathematik und im Diktat immer wieder viele Fehler ein.

Filippo war sofort bereit, sich auf eine innere Reise zu begeben. Nach einer kurzen Entspannung erhielt er Besuch von einem jungen Delphin. Sie spielten zusammen im Wasser. Sie spielten lange Zeit.

Irgendwann ließ ich Filippo dem Delphin mitteilen, dass er in der Schule ruhelos sei. Der Delphin antwortete ihm: »Konzentriere dich besser!« Filippo erzählte dem Delphin weiter: »Ich mache so viele Flüchtigkeitsfehler!« Der Delphin meinte, er solle es zwei-, dreimal korrigieren. Danach spielten sie weiter.

Immer wieder fragte ich vorsichtig nach, was jetzt gerade geschehe, und er erklärte mir jedes Mal, sie würden spielen. Sie spielten ganze dreißig Minuten lang, ohne Unterbrechung, bis sie am Schluss gemeinsam etwas tranken.

Filippos Mutter und ich waren erstaunt, wie lange er entspannt lag und gut bei der Sache war. Er konnte es also – ruhig sein und sich konzentrieren! Außerdem fiel auf, wie wichtig Spielen für ihn war.

Einen Monat später berichtete die Mutter unaufgefordert, er beschäftige sich zu Hause etwas mehr mit sich selbst. Lesen und Schreiben machten ihm allerdings nach wie vor Mühe. Auch die Unruhe sei etwa gleich geblieben. Erstaunlicherweise hatten sich aber die beiden sonst oft zankenden Geschwister zwischen Weihnachten und Neujahr gut vertragen.

Auf der zweiten inneren Reise sah Filippo diesmal einen Elefanten. Ich hütete mich, störende Fragen zu stellen, und ließ ihn ausgedehnt erleben. Irgendwann freute sich Filippo, dass der Elefant ihm seine Freunde zeigen wolle. Es waren deren viele und sie spielten lange Zeit, wobei der Junge wiederum völlig ruhig auf der Liege lag. Zwischendurch tranken er und seine Tierfreunde Limonade und dann spielten sie weiter. Die ganze Zeit war er konzentriert beim Spiel!

Gegen Schluss wollte ich aber doch noch wissen: »Frag den Elefanten, ob du auch zu Hause so viel spielen sollst?« Filippo, der mir zuvor nicht müde erschien, schlief auf diesen Einwurf hin augenblicklich ein. Er schlief wie ein Stein. Ich dachte, er habe die Frage verdrängt, indem er einfach in Schlaf fiel. Ich wusste ja, dass Spielen – auch das Spielen im äußeren Leben – das zentrale Thema war, das er vermehrt pflegen sollte. Erst ließ ich ihn schlafen, aber nach zehn Minuten fand ich, es sei genug, und ich bemühte mich, ihn leise und durch weiche Berührungen zurückzuholen. Keine Chance – Filippo schlief! Ich ließ sanfte Musik erklingen, er hörte sie nicht. Es dauerte noch eine ganze Weile, bis er schließlich die Augen wieder öffnete. »Du warst lange Zeit weit weg!«, räumte ich ein. Worauf er ohne zu überlegen erklärte: »Ja, ich war in Afrika! Wir spielten.« Ich war überrascht und betroffen – hatte ich ihn schon wieder beim Spielen gestört?

Während dieser langen Zeit der Stille im Raum (in der Filippo innerlich spielte) kommunizierte ich mit der Mutter schweigend auf einem Stück Papier. Es interessierte mich, wann diese Unruhe begonnen hatte; ob sie mit dem Schulbeginn und dem damit verbundenen Zeitmangel zum Spielen zusammenhing. Aber sie schrieb, dass er schon immer so gewesen sei, von klein auf. Ich schrieb ihr auf den Zettel, dass Spielen für ihn Medizin sei, also heilend. Es war mir wichtig, ihr dies mitzuteilen, damit auch sie bereit war, ihrem Sohn alle Zeit fürs Spiel zu lassen, die er benötigte. Wir saßen ja die ganze Zeit geduldig in wohlwollendes Schweigen gehüllt auf unseren Stühlen, während Filippo innerlich tolle Dinge erlebte, von denen er uns nichts mitteilte.

Ich wollte von ihr wissen, ob er denn im Alltag genügend Zeit hätte zum Spielen oder ob alles verplant sei. Sie kritzelte leise aufs Blatt: »Ja, er hat schon genügend Zeit, aber er spielt nicht viel zu Hause.« »Wieso? Weil er alleine spielen müsste?«, wollte ich wissen. Aber sie verneinte – er könne auch mit Kameraden spielen, aber er wolle sich aus Angst vor einer möglichen Absage nicht verabreden.

Eine Woche später kamen sie wieder. Schon beim Eintreten in meinen Praxisraum berichtete mir die Mutter erfreut, Filippo sei in dieser Woche eindeutig ruhiger geworden.

Das freie Spiel

Filippos großes Bedürfnis zu spielen und die nach der inneren Reise eingetretene größere Ruhe hatten mich grundsätzlich nachdenklich gemacht. Ich frage mich, wie viele Kinder ihre innere Ruhe und Konzentration dadurch verlieren, dass sie zu wenig Gelegenheit und Raum *zum Verweilen und Spielen an einem Ort* erfahren dürfen. Ich bin davon überzeugt, dass der Mangel an freiem Spiel und der ständige Ortswechsel zu einem unruhigen Geist führen.

Schweizer Schulklassen, die die Kids-Expo 02 der Schweizerischen Landesausstellung in Yverdon-les-Bains inhaltlich gestaltet hatten, brachten es eindrücklich auf den Punkt: Sie wünschen sich mehr Zeit zum Spielen. Die Kinder ärgerten sich auch darüber, dass die Erwachsenen glauben, immer Recht zu haben. Wie Recht sie haben! Ich meine die Kinder!

Kinder brauchen viel Zeit zum freien Spiel, um im Gleichgewicht zu bleiben.

Ein Beispiel aus einer ersten Klasse:
Während sechs Projektwochen bearbeiteten die Erstklässler das Thema »Gefühle«. Damit die Kleinen bei Schwierigkeiten konkrete Hilfe zur Hand hatten, wurde ich in die Klasse eingeladen, um sie mit inneren Bildern vertraut zu machen. Erstaunlich, welche innere Unterstützung sich den Kindern in Bildform präsentierte: Zehn von achtzehn Kinder wurden von ihren Krafttieren oder imaginären Freunden dazu aufgefordert, mit ihnen zu *spielen*!

Das freie Spiel

Ich sehe der Tendenz, Kindern von klein auf immer mehr intellektuelle Leistungen abzuverlangen, mit Besorgnis entgegen. Ein wichtiger Teil der Entwicklung bleibt so auf der Strecke und kann sich in späteren Jahren in Form von Krankheit oder anderen Problemen wieder melden.

Wie weit sind wir selbst von unserem Innern entfernt, dass wir den Kindern immer früher ihre freie Zeit rauben, um sie »zu fördern«, wie wir es nennen? Es täte uns gut, vermehrt auf die Kinder zu hören. Lassen wir sie doch spielen, lassen wir ihre Kreativität aufblühen – unsere Welt wird sie noch brauchen können! Wie oft hört man in den Medien, für bestimmte ausweglose Probleme seien kreative Ideen gefragt? Woher soll die Gesellschaft sie herzaubern, wenn Kreativität, Lebendigkeit und Phantasie schon in früher Kindheit abgewürgt werden?

Zwei weitere Beispiele zeigen, welch erstaunliche Heilkraft das Spielen entfalten kann.

Mangelhafte Schulleistung

Die elfjährige Sarah, Tochter intelligenter Eltern, ist eine begeisterte Reiterin, aber war eine schlechte Schülerin. Ihre Noten waren so schwach, dass ihr nur mit Mühe der Aufstieg in die fünfte Klasse gelang. Ihr Vater spekulierte über eine fehlende Leistung der Synapsenübertragung im Gehirn und über ein Medikament, das man dafür geben könnte. Mich schauderte bei der Vorstellung, diesem Kind derart tief greifende Medikamente zu verabreichen. Seine Tochter hatte zu ihrem Problem eine ganz andere Begründung: »Ich habe das Gefühl, es nicht zu können!«

Nachdem sich Sarah während der inneren Reise entspannt hatte, sah sie ihr Pferd Bongo, das sie seit Jahren pflegte und ritt. Dass dieses Pferd nicht nur ein Reitpferd im Alltag, sondern ein Krafttier war, zeigte sich schnell und auf eindrückliche Weise:

> **Bongo befand sich** auf der Weide. Nachdem Sarah ihn begrüßt hatte, wurde sie von ihm sanft gestoßen. »Spiel mit mir Fangen!«, sagte er damit. Es war Sommer und die Temperatur überaus hoch. Sarah war es zu heiß, sie wollte lieber im Schatten ruhen. Bongo jedoch drängte darauf, jetzt nicht zu entspannen, sondern zu spielen. Schließlich ließ sie sich darauf ein und sie spielten ausgelassen Fangen. Nach einiger Zeit hatte er genug und wollte Fußball spielen. Da Sarah keinen Ball bei sich hatte, meinte sie, das sei leider nicht möglich.
>
> Bongo trabte aus ihrem Blickfeld und erschien kurz darauf mit einem Ball. Ich staunte über die Klarheit des Pferdes, dass Spielen Sarahs Therapie sei, und über seine Hartnäckigkeit, trotz der Hitze so lange herumzujagen.
>
> In der inneren Geschichte wurde es Abend, und Sarah ging nach Hause. Das Pferd wollte auf jeden Fall, dass sie tags darauf wieder zum Spiel auf die Weide kam. Am anderen Morgen jedoch fand Sarah es wichtiger, zur Schule zu gehen. Sie hätten die Reaktion des Pferdes erleben sollen! Zur Schule zu gehen, kam für Bongo überhaupt nicht in Frage! Sarah musste erneut zum Spiel antreten. Dies tat sie jedoch erst dann aus vollem Herzen, als ich das Pferd fragen ließ, ob sie spielen solle, um danach in der Schule eine bessere Leistung erbringen zu können. Als das Pferd dies bejahte, erklärte sich Sarah bereit, erneut Fußball und Fangen zu spielen. Bongo wollte von Sarah außerdem das Versprechen, jeden Tag mit ihm zu spielen.

Die Gewissheit des Pferdes, Spielen sei Sarahs Medizin, bestärkte mich in meiner Überzeugung, dass Spielen eine ausgleichende, regulierende und *therapeutische Kraft* ist.

Drei Wochen später erschien Sarah stolz in der Praxis. In dieser Zeit hatte sie neun (!) Prüfungen abgelegt, von denen sie in allen eine gute Note erreicht hatte. Das war für sie eine sehr ungewöhnliche und höchst erfreuliche Leistung. Dreimal pro Woche hatte sie innerlich mit Bongo gespielt, ebenfalls stets am Abend vor den Prüfungen. »Danach hatte ich immer das Gefühl, ich könne es!«, berichtete sie spontan, »und die Prüfungen gelangen!«

Selbst die anspruchsvollen zweistündigen und achtseitigen (!) Prüfungen schaffte sie mit Bongos Hilfe. Das Problem der mit der Zeit nachlassenden Konzentration verschwand, als sie am Morgen vor der Prüfung nochmals ausgiebig mit ihm spielte. Sie freute sich das erste Mal in ihrem Leben auf das Zeugnis, vor welchem sie sich bisher immer nur gefürchtet hatte ...

Das Verhältnis zu Bongo hatte sich auch im äußerlichen Leben verändert. Obwohl eine begeisterte Reiterin, galoppierte sie vorher nur zaghaft, jetzt konnte es ihr nicht schnell genug gehen. Objekte, wie ein Gartenschlauch oder flatternde Fahnen, vor denen das Pferd bisher scheute, ängstigen es nicht mehr. Sarah fand vertieftes Vertrauen in Bongo, und es scheint, dass dies eine positive Rückwirkung auf das Pferd hatte.

Auch der Schulkopfschmerz, von dem mir Sarah erst später erzählte, blieb gänzlich verschwunden. Durch das innere Spielen löste sich auch die Spannung im Kopf, die Schmerzen verursacht hatte.

Aggressionen verwandeln

Was tun Sie, wenn Ihr Kind aggressiv wird? Tadeln Sie es? Versuchen Sie herauszufinden, was ihm fehlt? Versprechen Sie ihm eine Belohnung, falls es sich bessert? Im nächsten Beispiel löste wiederum die Identifikation mit einem Krafttier das Problem. Spielerisch konnten auf diese Weise Aggressionen in positive Gefühle umgewandelt werden.

Andrea litt von Geburt an unter einem (unentdeckten) Herzfehler. Nach fünfeinhalb Jahren schwarzer Augenringe, Atemproblemen und schneller Erschöpfung wurde auf Drängen der Familie endlich eine genaue Untersuchung eingeleitet und schließlich eine Operation durchgeführt.

Andrea war ein fröhliches und offenes Kind. Sie wurde behutsam auf die Herzoperation vorbereitet, die recht gut verlief. Nach dem chirurgischen Eingriff war Andrea jedoch ein anderes Kind. Ging sie vorher von Herzen gern auf Menschen zu, wendete sie sich nun rigoros von allen ab. Sie ertrug keinen Anblick, keine Berührung, weder vom Vater noch von der Schwester noch von irgendeiner Krankenschwester. Einzig und allein die Mutter ließ sie an sich heran, die somit einige Dienste der Krankenschwestern übernahm.

Bei Besuch verkroch sich Andrea unter der Bettdecke. Als ihre zweieinhalb Jahre ältere Schwester ihr eine Zeichnung brachte, zerknüllte sie sie und schleuderte sie zum Entsetzen aller aufgebracht auf den Boden. Wer in ihre Nähe kam, wurde *angefaucht*. (Beachten Sie ihre Ausdrucksweise, in der sich das betreffende Krafttier schon hier zeigt, wie wir noch sehen werden!). Obwohl der Arzt die Eltern beruhigte, dass dieser Zustand bei am Herz operierten Kindern häufig auftreten würde, fühlten sich die Eltern schockiert und verunsichert, zumal dieses Verhalten sechs Wochen lang anhielt.

Durch Zufall erhielt die Mutter von ihrer Arbeitskollegin einen meiner Prospekte, der die Bilderarbeit mit Kindern vorstellt. Sie kam zunächst ohne Tochter für ein Gespräch in die Praxis. Auf diese Weise war ich vorab über die Problematik genügend informiert und konnte beim nächsten Termin Andrea entsprechend auffangen. Ich wusste, dass ich das Thema »Herzoperation« auf keinen Fall ansprechen durfte, wenn ich nicht riskieren wollte, sie innerlich »hinter verschlossenen Türen« anzutreffen.

Als sie wenige Tage später erschien, spürte ich intuitiv, dass eine Reise bei geschlossenen Augen auf der Liege für Andrea nicht in Frage kam. Während wir uns gegenseitig kennen lernten und sie in mich Vertrauen gewann, suchte ich innerlich nach einem Weg, sie zu unterstützen. So interessierte ich mich »ganz nebenbei« dafür, welches Tier sie beispielsweise gern wäre, wenn sie eines sein könnte. Ihre Antwort kam ohne zu zögern: ein Delphin.

> **Ich merkte sofort,** wie viel Begeisterung in dieser Vorstellung steckte, ein Delphin zu sein. Ich fragte sie, was sich der Delphin wünschen würde, wenn er Geburtstag hätte. Die Antwort kam für uns alle überraschend: Der Delphin wünschte sich Messer, spitzige Scheren und Nadeln. Er wollte damit morden, töten, aufschneiden und niederstechen.

Andreas Wunsch schockierte die Mutter, die sich jedoch nichts anmerken ließ. Als mich Andrea nach einigen Tagen zum zweiten Mal aufsuchte, spielten wir Tiere. Noch immer war sie voller Aggression und somit schnell entschieden, dass sie Tiger war und ich Löwe.

> **Wir fauchten** einander an, sie zeigte mir ihre Zähne und ihre Krallen. Auch ich reagierte ihrer Provokation entsprechend mit ausdrucksstarker Mimik und Gestik. Ich spürte dabei, wie sie wirklich Tiger wurde. Sie stellte sich mit ganzer Kraft dem Kampf zwischen Tiger und Löwen. Ihre Pranken prasselten auf mich nieder, sodass ich meine Brust hinter einem Kissen verbergen musste.
>
> Irgendwann begann sie sogar, auf meinen Kopf zu schlagen, voller Kraft wohlgemerkt, sodass ich auch ihn mit einer Wolldecke schützen musste. Die Mutter erinnerte sich im Nachhinein schmunzelnd daran, dass ich Andrea erklärt hatte, diese braune Decke sei die Mähne des Löwen ...

Wie viel kraftvolle Energie muss in dem Mädchen gesteckt haben, die unbedingt aus ihr heraus wollte! Offensichtlich hatte diese festgehaltene Energie sie daran gehindert, ihr Gleichgewicht wiederzufinden.

Die Mutter berichtete mir später, dass auch sie kämpfte, als sie ihre Tochter derart gewalttätig erlebte – allerdings mit ihren Tränen. Es war ihr peinlich, ja sie schämte sich geradezu, hatte sie sich doch bei der Erziehung so viel Mühe gegeben! Zugleich fühlte sie sich traurig, denn es war ihr nicht bewusst gewesen, wie stark ihre Tochter unter der Operation gelitten hatte. Ich achte diese Frau dafür, dass sie in diesem Moment ihre moralischen Vorstellungen von »Gut und Böse«, »Richtig und Falsch« beiseite schieben und zulassen konnte, dass die Gefühle ihrer Tochter befreit wurden.

Die Veränderung des Mädchens, die nach diesem letzten Treffen stattfand, überraschte und erleichterte uns alle. Nach dieser letzten Prügelei verhielt sie sich fast schlagartig anders. Es war, als ob nach einer langen Zeit heftigen Gewitters die Sonne wieder aufging.

Die Operation und die Narbe auf ihrer Brust waren kein Tabu mehr. Hatte sie sich zuvor geflissentlich darum bemüht, die verletzte Stelle unter dem T-Shirt zu verbergen, hob sie nun plötzlich selbst vor unbekannten Leuten ihr Hemd und zeigte ihre Wunden. Die Mutter und die Kassiererin im Laden staunten nicht schlecht! Sie begann, ihre Narben in ein Spiel zu verwandeln. In ihren Brustwarzen sah sie Augen, die Narbe längs des Brustbeins wurde zur Nase und die drei großen Punkte unterhalb des Rippenbogens, durch die während der Operation die Schläuche austraten, bildeten den Mund. Sie war stolz auf ihr Gesicht am Oberkörper. Liebevoll bemühte sie sich selbst im Freibad um ihr zweites neues Gesicht, indem sie die Narben sorgfältig mit hohem Sonnenschutzfaktor einrieb.

Was immer diese Aggressionen und Abwendungen genau waren – ob Spannungen, Frustration, Angst, Wut über ihre Verletztheit oder Entsetzen über ihren äußerlich veränderten Körper –, die heftigen Gefühle hatte sie jetzt buchstäblich ausgelebt, losgelassen und konnte dadurch unbelastet in die Zukunft gehen.

**Kinder drücken ihr Krafttier oft mimisch
im Alltag aus. Sie fauchen, kratzen ...
Mit Leib und Seele leben sie
auf diese Weise einen Teil ihrer selbst aus,
der durch die Identifikation
mit dem Krafttier verstärkt wird.**

**Das natürliche Heilwissen des Kindes weiß
selbst, welcher Teil – und somit welches Tier –
lebendig werden muss,
um seine Entwicklung optimal zu fördern.
Gehen Sie spielerisch auf den Impuls
des Kindes ein! Fragen Sie das Tier,
was es braucht.**

Freies Zeichnen – Heilzeichnen

Das freie *Zeichnen* verdient ebenso ein Plädoyer wie das freie Spielen. Von den Kindern erfahre ich, dass sie in der Schule kaum bis gar nicht mehr aufgefordert werden, frei zu zeichnen. Das Lehrpersonal schreibt vor, was aufs Blatt muss. Bei mir jedoch dürfen die Kinder zeichnen, was sich in ihnen auszudrücken verlangt. Ich begleite sie dabei mit derselben inneren Haltung, wie beim Reisen oder Spielen.

Fabians schlaflose Nächte tyrannisierten seit Wochen die ganze Familie. Unzählige Male benötigte er nachts die Präsenz seiner Eltern. Als er zum Heilzeichnen kam, erfuhr ich von seiner Angst vor dem Wolf – eine Angst übrigens, von der mir die Kinder öfters erzählen. Ich forderte ihn auf, ein Tier zu zeichnen, das ihm helfen könnte. Er zeichnete einen Muni (Stier). Eine halbe Stunde lang malte er sorgfältig und intensiv an diesem Muni. Als das kräftige Tier mit Farben und Formen genügend ausgestattet war, wünschte er sich ein zweites Blatt, auf welchem noch schnell ein Elefant entstehen wollte.

Verbunden mit der Kraft des Munis und des Elefanten ging er zuversichtlich nach Hause. Er spürte, dass er diese Nacht die Gegenwart des Vaters oder der Mutter neben sich im Bett nicht benötigte. – Und es klappte! Seit Wochen schlief er das erste Mal wieder durch! Aber es klappte nur eine Nacht lang. In der nächsten erwachte er bereits wieder ein Mal. Aber wenigstens nur *ein* Mal! Ich riet der Mutter, ihn als Abendritual eine freie Zeichnung anfertigen zu lassen, die ihn für die Nacht unterstütze. Dies tat er zwar nicht, aber durch die eine Zeichnung hatte sich sein Schlafverhalten derartig verändert, dass es für die Eltern akzeptabel wurde.

Worauf achte ich während des Heilzeichnens oder Spielens?

1.

Vor dem Zeichnen oder Spielen bespreche ich mit dem Kind und der Mutter, *wofür* geholfen werden soll. Danach lasse ich dem Kind freie Gestaltung. Spürt das Kind später den positiven Effekt, wächst sein Vertrauen in die eigene Heilkunst.

2.

Ich lasse mich führen vom inneren Wissen des Kindes: Wenn jemand den Prozess steuert, so ist es das Kind. Ich unterstütze es dabei nur.

3.

Fördernd ist eine Atmosphäre der Innigkeit, Geborgenheit, Vertieftheit, der inneren Sammlung und Konzentration.

Das Kind spielt oder zeichnet bei mir also nicht allein. Es genießt meine volle Präsenz, die – wenn vom Kind gewünscht – direkt auf es selbst bezogen ist oder aber auf meine eigene Arbeit (oft zeichne auch ich für das Kind, das heißt, ich lasse ein Bild auf dem Blatt entstehen, das der Unterstützung des Kindes dient). Dadurch kann sich das Kind frei fühlen und doch von meiner Energie profitieren.

Vielleicht ist diese Atmosphäre mit der Meditation zu vergleichen: Wie viel mehr Disziplin braucht es, allein zu meditieren oder auch allein innerlich zu reisen, als wenn dieselbe Arbeit von einer Person begleitet oder in einer Gruppe geschieht. Die *gesammelte Energie* schon einer kleinen Gruppe erleichtert das Vorhaben ungemein!

Warum Stofftiere wichtig sind

Meine längst gehegte Vermutung, Stofftiere seien materielle Stellvertreter der Krafttiere, bestätigte sich nochmals durch den Frosch namens *Buffi*. Hier seine Erfolgsgeschichte:

Der siebenjährige Sandro litt unter Ängsten. Seine Lehrerin schickte ihn deswegen zu mir. Sandro erschien nicht allein – er betrat meinen Raum an der Hand seiner Mutter und mit Buffi unterm Arm. Im Nachhinein betrachtet, hätte es mir in diesem Moment bereits dämmern können, welche Rolle der Frosch im Leben von Sandro spielte. Er war noch nicht lange in seinem Besitz; seine Eltern hatten Buffi erst kürzlich aus den Ferien mitgebracht.

Das erste Gesprächsthema zwischen Sandro und mir war Buffi, und ich spürte dabei, welch tiefe Beziehung er bereits zu ihm hatte. Ein Stofftier oder ein anderer Gegenstand, das/den ein Kind innig liebt, ist subjektiv sehr wertvoll! Sandro war wirklich schüchtern, und ich ließ die Möglichkeit, ihn auf der Liege eine Heilgeschichte erleben zu lassen, gleich fallen. Stattdessen rief ich meine eigene Imagination an, mir ein Krafttier für Sandro zu schicken. Sogleich erschien ein Elefant. Ich fragte den Jungen also während des Erstgesprächs, das wir am Tisch führten, wie es für ihn wäre, von einem Elefanten beschützt zu werden. Er nickte stumm, aber mit glänzenden Augen. Tatsächlich ließ sich der scheue Bub auf den Elefanten ein. In seiner Vorstellung ritt er auf ihm und berührte seinen Rüssel. Er fühlte sich dadurch etwas geschützter.

Viel wichtiger als der imaginäre Elefant war für Sandro jedoch nach wie vor sein Stofftier Buffi. Die Beziehung zu ihm war tiefer als zum eben neu kennen gelernten Elefanten und dadurch war sie auch von größerer Kraft. Schnell vergaß er demnach im Alltag den Elefanten, nicht aber Buffi. Von Sandro ins Herz geschlossen, begleitete ihn der Frosch von nun an überall hin. Im neu begonnenen Judo setzte er Buffi an den Rand der Matte, so, dass er ihn immer im Blickfeld hatte. Sandro fühlte sich dadurch nicht alleine, etwas Vertrautes war ständig bei ihm. Auch in die Schule musste Buffi mit, obwohl die Eltern anfänglich dagegen waren. Aber die beruhigende Wirkung seiner Gegenwart überzeugte schließlich alle, und so wurde er zu seinem selbstverständlichen Begleiter. Die Lehrerin erinnerte sich im Nachhinein: »Ja richtig, der Frosch war in der Schule immer mit dabei! Eines Mittags blieb er auf dem Pult liegen. Da wusste ich, seine Aufgabe geht dem Ende zu.«

Ein anderes Beispiel:
Eine vierzehnjährige Jugendliche berichtete mir in einem Gespräch unverhofft, in ihrer Klasse hätten praktisch alle Mädchen und auch einige wenige Buben ihre Stofftiere in regem Gebrauch. Klar, dass diese im Klassenlager mit dabei sind! Waschen? Das sei ganz schlimm, aber halt doch ab und zu notwendig. Sie löse das Problem so: Drei, vier Tage lang schläft das Stofftier nach einer Wäsche bei der Mutter im Bett, danach übernimmt es die Tochter wieder. So wird es langsam wieder ihr eigenes.

Natürlich interessierte es mich, wieso ihr Stofftier für sie so wichtig ist. »Es beruhigt mich einfach – ich kann so besser einschlafen«, erklärte sie ganz selbstverständlich.

Ob das Bedürfnis nach einem Kuscheltier bei den Buben wirklich so selten ist? Ein Sechzehnjähriger klärte mich auf: Da es ihm peinlich sei, in seinem Alter noch ein Stofftier ins Schullager mitzubringen, verstecke er es klammheimlich am untersten Ende des Schlafsacks, um es dann in der Dunkelheit leise hervorzukramen ... ist das nicht nett?

Stofftiere sind materielle Stellvertreter der geistigen Krafttiere – sie stärken und beruhigen.

Lisa war aufgeweckt und besaß eine äußerst rege Phantasie. Als ich sie mit etwa vier Jahren kennen lernte, erschien sie mit ihrem Hund *Chicco* in meiner Praxis. Seit längerer Zeit lebte Chicco – ein Hund, den es nur in ihrer Vorstellung gab (!) – mit ihr zusammen. Sie führte ihn aus, fütterte ihn, pflegte ihn. Ich freute mich über ihre lebendige Innenwelt und fragte sie, ob sie denn auch ab und zu mit Chicco reden würde. Als ob ich das Dümmstmögliche gesagt hätte, hob die Kleine abwehrend die Arme. »Nein!« erwiderte sie fest, »diesen Hund gibt es gar nicht richtig, den stelle ich mir bloß vor! Und reden kann der schon gar nicht!« Sie gab mir deutlich zu verstehen, dass dies ihr unumstößlicher Ernst sei.

Ich schmunzelte und wunderte mich über die Klarheit dieses Persönchens, was äußere und was innere Welt sei. Dennoch konnte ich es nicht lassen, das letzte Wort zu haben: »Doch, Lisa, dein Hund kann sprechen – du brauchst bloß genau hinzuhören!«

Als ich Lisa wiedersah, war sie bereits im fünften Lebensjahr, und ihre Zahnstellung machte deutlich, dass es an der Zeit war, den Schnuller zur Seite zu legen. Das war ein großes Problem! Nachdem wir Lisa auf die Liege »getrickst« hatten und ich sie mit ihren Krafttieren in Verbindung bringen wollte, zwang sie mich unweigerlich, mich an ihre Überzeugung zurückzuerinnern, dass dieses Reden mit Tieren, die sie sich vorstellt, Blödsinn sei. Schließlich gab ich entmutigt auf. Sie hüpfte fröhlich von der Liege herunter, entdeckte dabei einen Stoffigel auf der Kinderspielzeugkiste und schwups hatte sie ihre eigene Lösung gefunden: »Darf ich diesen Igel mitnehmen?« So verließ Lisa zusammen mit meinem Igel die Praxis. Ich verabschiedete mich von der Mutter mit den Worten: »Das Experiment hat leider nicht geklappt, tut mir Leid!«

Zwei Wochen später erhielt ich einen unerwarteten Rückruf der hörbar erleichterten Mutter: »Lisa braucht den Schnuller seit einigen Nächten nicht mehr! Es ist unglaublich! Sie baute dem Igel zu Hause ein Nestchen in einem Brotkorb und brachte ihm Milch. Dabei habe ihr der Igel gesagt, dass sie den Schnuller nicht mehr brauche. Er sagte: ›Du kannst auch ohne Schnuller schlafen!‹«

Lisa gab dem Igel den Namen ihrer Mutter: *Yvette.* Das Stofftier Yvette wurde zur Brücke zwischen der inneren und der äußeren Welt. Lisa hatte ihre eigene für sie mögliche Lösung gefunden, sich von ihrer Imagination heilen zu lassen. Offenbar hatte sich mein Widerspruch vor langer Zeit gelohnt, und sie wagte hinzulauschen, was der Igel ihr zu sagen hatte. Wie ist das Leben doch voller Überraschungen!

Ein Stofftier kann die Brücke zur inneren Weisheit sein.

Krafttiere helfen uns, innerlich zu wachsen

Krafttiere sind Führer auf dem Lebensweg

Die Hilfe der Krafttiere ermöglicht uns weit mehr, als »nur« die Heilung von Beschwerden. In jeder Situation unseres Lebens stehen sie uns gerne bei, um uns weise zu führen.

Ein Mann Mitte fünfzig beispielsweise befand sich wegen der Trennung von seiner Frau und seinen Kindern in einer schweren Lebenskrise. Er fühlte sich innerlich verloren und leer. Auf seiner inneren Reise erhielt er folgende Botschaft:

> **Seine Krafttiere** führten ihn in einen Tank der Leere, von dem er erfuhr, dass er gleichzeitig der Tank der Erkenntnisse sei. Hier empfing er Lebensgesetze.
> Das erste war: »Das Leben besteht aus Abzweigungen.«
> Das zweite hieß: »Du wirst geführt.«
> Der Mann zweifelte. Er wusste nicht, ob er an eine höhere Führung glauben solle oder nicht und teilte dies dem Tank mit. Die Antwort kam postwendend: »Es verändert nichts daran, ob du mir glaubst oder nicht – du wirst sowieso geführt.«

Auf ganz eindrückliche Art erlebte ich selbst diese Führung am Ende einer zwölfjährigen Beziehung. Als ich eines Tages zu dieser schwierigen Partnerschaft endlich eine innere Reise wagte, drehten sich alle Krafttiere im Kreis. Ich hatte den Eindruck, sie würden dies schon seit Jahren tun. Seit Jahren entwickelte sich auch unsere Beziehung nicht weiter, alles verharrte in den alten Schemen und Mustern. So drehten sich auch zwei Eisbären im Kreis, die mir damals rieten: »Verlasse das Nest deines Bären (damit war mein damaliger Partner gemeint) und steh auf deinen eigenen Füßen!«

Durch den intensiven Beistand der Krafttiere schaffte ich die Trennung. Dieser Schritt beeinflusste meine Entwicklung maßgeblich, ich veränderte mich in rasendem Tempo und in wesentlichen Bereichen. Interessant war dabei, dass ich mich zu dieser Zeit selber als eigenständig eingeschätzt hätte. Ich führte eine eigene Praxis und leitete seit einigen Jahren das Projekt »Aufbau der Homöopathie in Albanien 1992 – 2000«, bei welchem ich die Initiatorin war. Ich stand also sehr wohl bereits auf eigenen Füßen, aber die Krafttiere spürten genau, wo meine Entwicklung förderungsbedürftig war.

In der folgenden Zeit erfuhr ich, wie realistisch die Krafttiere die damalige Situation einschätzten: Ich war verliebt in meinen jetzigen Lebensgefährten, und meine Gedanken kreisten verständlicherweise meist um ihn. Diese Zeitspanne machte es mir nicht einfach; sie erforderte viel Geduld und Vertrauen in unsere Beziehung, die damals noch keinen festen Boden gewonnen hatte. Immer wieder versetzten mich die Krafttiere in die harte Realität zurück, wenn ich mich allzu sehr in rosa Wölkchen verloren hatte. Dann zeigten sie mir schonungslos, dass unsere Beziehung noch gar keine war, auch wenn ich mich dabei selbst gerne täuschte. Die Einschätzung der geistigen Tiere erlebte ich als weit wirklichkeitsnaher, als ich die Situation selber sah.

Obwohl die Zeit der vorangegangenen, langjährigen Beziehung aufreibend war und ich viel Liebe, aber auch viel Groll auf meinen damaligen Partner verspürte, erlebte ich in der Phase der Trennung *nicht einmal* einen Vorwurf oder ein schlechtes Wort seitens der Krafttiere über diesen Mann. Im Gegenteil: Alles, was sie über ihn sagten, betraf das Nest des Bären, das mir Geborgenheit vermittelt hatte. Was sie jedoch taten, war eine hundertprozentige klare Führung weg von ihm und zu meinem neuen Partner hin. Diese Art der Konfliktbewältigung berührte mich immer wieder. Wie vorbildlich und in Schönheit die Krafttiere diese Trennung unterstützt haben!

Wir Menschen könnten von ihnen viel über einen schönen Umgang miteinander lernen. Statt über andere zu lästern, unterstützen uns die Krafttiere, *jetzt* unseren *eige-*

nen nächsten Schritt zu tun. Immer geht es ihnen um die Entwicklung der eigenen Persönlichkeit. In meinem Fall wollten die Tiere, dass ich vor der nächsten Beziehung mein eigenes inneres Land besser kennen lernen sollte. Eines Tages fragte mich ein Krafttier: »Wie oft bist du eigentlich in deinem eigenen Land?« Ich überlegte einen Moment, um festzustellen, dass ich in meiner Verliebtheit gedanklich meist bei meinem künftigen Lebensgefährten verharrte. Mit gesenktem Haupt gab ich zu: »Bin meistens im Ausland!« – Und ich wusste wieder, was ich zu tun hatte ...

**Krafttiere vermitteln innere Sicherheit und Klarheit.
Sie geben der Krise einen Sinn und zeigen den Ausweg.**

Seinen Weg gehen heißt, sich ständig weiterentwickeln, sich in seinem eigenen Rhythmus wandeln, wachsen, Altes hinter sich lassen und Neues entdecken. Ich habe erfahren, wie viel Offenheit, Flexibilität und Mut dies erfordert, aber wie groß der Lohn dafür ist. Und jedes Mal denke ich: Keinen Schritt meiner Entwicklung möchte ich rückgängig machen. Ich möchte keine Erfahrung, die ich dank der Krafttiere machen durfte, missen. Keinen Millimeter davon geb' ich je wieder her!

Krafttiere machen aus unserer Schwäche eine Stärke. Sie führen uns in unsere Kraft. Es ist an uns, in dieser Kraft zu bleiben.

Der Alltag serviert uns die Chance zu wachsen

Es ist der ganz gewöhnliche Alltag, der uns Dutzende von Möglichkeiten und Winke bereithält, zu wachsen und uns innerlich weiterzuentwickeln. Wer kennt sie nicht, die Sorgen mit den Kindern, die Probleme in der Beziehung oder im Beruf, die Ängste auf einer Reise, den Kummer über die eigene Erkrankung – ganz gleich, was immer wir tun und was immer um uns herum geschieht, wir können daran wachsen.

Gefühle wie Wut, Gereiztheit, Hilflosigkeit, Eifersucht oder Neid, Niedergeschlagenheit, ständiger Zweifel und Nörgelei, unsere Rachegefühle und selbst der Liebeskummer laden uns letztlich mit einem Augenzwinkern ein, einzutauchen in die Welt der Imagination und uns von den Krafttieren beraten und stützen zu lassen. All diese Gefühle sind nichts anderes als Hinweise darauf, wo innere Arbeit auf uns wartet. Sie sind die Chance, innere Schwächen in Stärken zu verwandeln. Wer will sich diese Möglichkeit schon entgehen lassen?!

Vielleicht weisen unsere Gefühle auch auf einen verloren gegangenen Teil hin, der sehnlichst wiedergefunden werden möchte. Durch die übermäßige Anpassung an die Wünsche und Erwartungen anderer Menschen zum Beispiel kann man an Kraft für die eigene Selbstständigkeit verlieren. Man wird zum Werkzeug des andern, statt die Energie für sich selbst zu nützen. Dieser Verlust kann bereits in der Kindheit geschehen, insbesondere wenn das Kind mitfühlend, sensibel und »brav« ist. Die Imagination kann ihm später auf ihre Weise die verloren gegangene Kraft zurückbringen. Dazu folgende Geschichte:

Abhängigkeit von Männern und die wiedergewonnene Selbstständigkeit

Ab und zu kam eine allein erziehende junge Mutter – ich nenne sie Petra – in meine Praxis. Sie lernte vor mehreren Monaten einen Mann kennen, von dem sie sich angezogen fühlte und mit dem sie genussvolle Stunden verbracht hatte. Von Anfang an jedoch quälten sie Zweifel, ob dieser Mann für sie der richtige Partner sei, da immer wieder Schwierigkeiten auftraten. Sie versuchte deshalb seit mehreren Wochen, sich von ihm zu trennen, was ihr jedoch trotz tiefer Verletzungen nicht gelang. Wutentbrannt saß sie vor mir. Nachdem sie mir ihr gekränktes Herz ausgeschüttet hatte, blieb nicht mehr viel Zeit für eine Imaginationsreise, dennoch ließ sie sich darauf ein.

Der Alltag serviert uns die Chance zu wachsen

Petra sah ein Mädchen voller Kraft, Freude und Lebenslust. Sie bemerkte, dass sie den Anblick dieses Kindes schlecht ertrug. Ein Krokodil und ein Fisch tauchten auf. Sie waren Begleiter des Mädchens. Petra stellte fest, wie das Mädchen durch die Gegenwart der beiden Tiere verblüffend an Größe zunahm.

Beim Betrachten des Kindes spürte sie, wie es auf unerklärliche Weise zu ihr gehörte. Dennoch war es ihr fremd, wie ein Teil, der nicht zu ihrem Wesen passte. Dieses Gefühl teilte sie dem Mädchen mit, worauf dieses heftig protestierte: »*Du* willst mich ja nicht bei dir haben!« Petra: »Du bist so eigenständig, so selbstverständlich in deinem Dasein. Wieso kenn ich dich nicht, wenn du ein Teil von mir bist?«

(Ich ließ Petra das Mädchen fragen, ob es wichtig sei, über dieses Fremdfühlen mehr zu erfahren.)

Sofort führten sie die inneren Bilder zurück in ihre Kindheit. Sie sah, wie damals das Mädchen von Erwachsenen und Kindern verdrängt und fortgeschickt wurde, was es sehr traurig stimmte. Petra reagierte mit heftigem Vorwurf: »Hättest du dich doch gewehrt und dich nicht verdrängen lassen!« Es schien ihr, als ob das Mädchen ihre eigene Schwester sei, aber sie nicht dieselben Eltern hätten. Sie erinnerte sich, dass sie sich für die Erfüllung der Wünsche und Erwartungen ihrer Eltern entschieden hatte und dass dadurch für ihr eigenes Wesen mit all seinen Wünschen und Bedürfnissen kein Platz blieb.

Nun meldete sich das Krokodil zu Wort: »Es ist Voraussetzung, dass du dich ganz für dich entscheidest, wenn du ganz *du* sein willst! Interessiere dich für das Mädchen, werdet Freundinnen!« Petra spürte den Sog, mit dem Mädchen zu verschmelzen. Sie stellte immer wieder fest, wie stark dieses Kind war. Das Mädchen fühlte sich glücklich an Petras Seite und wies darauf hin, dass es immer da sei mit seiner ganzen Heerschar von Wassertieren. Nun erkundigte es sich, wie Petra sich dabei fühle. Petra zögerte: »Du bist zu stark für mich. Du hast so viel Unterstützung von deinen Wassertieren!« Das Mädchen nickte und meinte stolz, diese Mithilfe sei für sie ganz selbstverständlich. Dies faszinierte Petra endgültig, und sie freute sich, dass das Mädchen mit ihrem ganzen Potenzial endlich wieder an ihrer Seite stand.

Erinnern Sie sich, was der Anlass für dieses Geschenk der inneren Stärke war: Petras *Wut* und *Verletztheit!* Ich könnte Ihnen an dieser Stelle von unzähligen solcher Fälle erzählen, bei denen die negativen Gefühle sozusagen die Geschenkpackung bildeten. Kümmerte man sich um das Präsent, wickelte man es aus, so enthielt es jedes Mal ein Stück inneres Wachstum! Diese Gesetzmäßigkeit ist immer wieder phänomenal: *All* die menschlichen Gefühle, unter denen wir leiden, sind in Wirklichkeit verwandelbar! Weshalb also allzu lange in der Misere verharren? Wer hat schon Lust, unnötig zu leiden? Krisen werden zu Brücken für unser inneres Wachstum. – Die Imagination kennt den Weg der Transformation.

Übrigens: Ist es nicht unglaublich erleichternd zu erleben, wie die Imagination uns erlaubt oder gar auffordert, uns abgrenzen zu *dürfen*, Nein sagen zu *dürfen*, andern widersprechen zu *dürfen*? Nicht aus Trotz oder Unhöflichkeit, sondern mit dem Ziel, *uns selbst treu* zu sein.

Krafttiere verändern unsere Gefühle positiv

Jeder Mensch hat eine individuell geprägte und verzerrte Wahrnehmung darüber, »wie die Welt ist«. Oft ist diese Wahrnehmung durch frühere Verletzungen und Enttäuschungen negativ gefärbt. Durch diese traurigen Erfahrungen trübt sich unser ehemals unbelastetes Gefühl, es verbittert, verängstigt oder schwächt uns.

Dies ist nur zu menschlich, aber eigentlich unnötig, wie die Imagination immer wieder von Neuem beweist. Unnachgiebig lehrt sie uns, zur Lebensfreude zurückzukehren. Wie viel genussvoller ist doch das Leben, wenn wir die schwarze Brille ablegen und stattdessen die Sonne unser Herz wieder berühren lassen!

Verbitterung

Antonia, allein erziehende Mutter und Krankenschwester Anfang dreißig, kam neu zur Behandlung. Bald stellte sich heraus, dass sie neben einigen körperlichen Beschwerden vor allem unter ihrem emotionalen Zustand litt. Sie spürte eine große Enttäuschung und Wut auf Männer. In Situationen, in denen es in ihrem Leben um Wesentliches ging, hatten sich die Männer immer davongemacht. Nun war sie einem neuen Mann begegnet, der sich ihr gegenüber einfühlsam verhielt und ein gutes Verhältnis zu ihrer kleinen Tochter pflegte. Sie spürte aber, dass sie ihm ihr Herz nicht wirklich öffnen konnte.

Wir vereinbarten einen Termin für eine Reise, die zwei Wochen später stattfand.

Krafttiere helfen uns, innerlich zu wachsen

Antonia befand sich an einem wunderschönen Ort.
Ein Marienkäfer erschien und sagte: »Mir geht es gut!«
Antonia: »Das sieht man dir an!«
Der Marienkäfer spazierte an ihrem Finger auf und ab und sagte: »Ich will dir die Freiheit zeigen.«
Diese Botschaft berührte Antonia. Die beiden flogen davon.
Antonia konnte nun alles von oben betrachten.
Antonia: »Es ist schöner von unten!«
Verschwommene Bilder tauchten auf und verschwanden wieder. Auf ihr Drängen hin landete der Marienkäfer wieder auf dem Boden. Antonia bemerkte jedoch enttäuscht, dass es an diesem Ort jetzt nicht mehr so farbenprächtig war wie zu Beginn der Reise und dass die Wärme fehlte. Alles fühlte sich sinnlos an. Sie äußerte, dass die Vorstellung über etwas schöner sei als die Realität.
Der Marienkäfer und Antonia liefen einem Weg entlang in den Wald hinein. Die Farben wurden wieder kräftiger. Dennoch trauerte sie dem schönen Ort nach, den sie anfänglich gesehen hatte.
Plötzlich wurde es düster. Antonia wollte wissen, was los sei. Der Marienkäfer, der als Einziger farbig blieb: »Du verdunkelst dir das selber! *Finde das Glück in dem, was du hast!*«
Der anfängliche Ort schaute nun anders aus: schön, aber nüchtern. Die Blumen, die sie sich vorgestellt hatte, waren verschwunden.
Antonia: »Diese Nüchternheit kenne ich, sie ist mir so vertraut!«
(Wegen dieser angesprochenen Nüchternheit ließ ich sie nun den Marienkäfer fragen, ob er die Beziehung zum neuen Freund unterstütze.)
Er war sich darin nicht ganz sicher. Er meinte, dass in Antonia erst ein Knopf gelöst werden müsse, der ihre Gefühlswelt betraf.
Er sagte: »Erwarte das Glück nicht von einer Beziehung. Suche das Glück in dir selbst!«
Antonia war dazu sofort bereit. Es wurde ihr klar, dass sie die Erwartung hatte, der Freund müsse ihr das Glück bringen. Sie erwartete zu viel von ihm und konnte dadurch nur enttäuscht und einsam werden.

(Ich ließ sie den Marienkäfer fragen, ob er ihr helfe, das Glück zu suchen.)
Er: »Nein! Du hast zu viele Hoffnungen verloren. Und du willst dir keine mehr machen.«
Antonia: »Das ist traurig, aber das ist das Leben.«
Der Marienkäfer: »Das ist nicht das Leben! Ich werde dir jetzt lieber helfen, zu den Träumen und zur farbigen Welt zurückzufinden!«
Antonia wartete ab. Distanziert wollte sie schauen, was da komme.
(Ich bat sie, den Marienkäfer zu fragen, ob er mit ihr zufrieden sei.)
Er: »Nein, natürlich nicht. *Lebe mehr und mach dir weniger Sorgen!*«
Nun endlich wendete sich das Blatt, und Antonia konnte von ganzem Herzen beipflichten: »Ja, das klingt gut!«
Und der Marienkäfer meinte: »Ja, und so bin ich zufrieden mit dir.«

Antonia fühlte sich nach dieser Wende überglücklich. Sie stellte überrascht fest, wie verbittert sie in ihren jungen Jahren bereits war. »Das hatte schon mein Freund festgestellt«, ergänzte sie ihre Aussage. Sie wunderte sich darüber, dass in der Reise ihre Wut über die Männer gar nicht vorkam, ja überhaupt kein Thema war. Es musste nicht einmal eine alte Verletzung geheilt werden. Wie immer hatten die Krafttiere den Menschen auf sich selbst zurückgeworfen, ihn auf seine eigene Verantwortung aufmerksam gemacht. Welch ein Glück, dass ihr der Glückskäfer dies beigebracht hatte!

**Die Absicht der Krafttiere ist es,
uns zu innerem Wachstum zu verhelfen,
und nicht, uns zu schikanieren.
Je mehr wir die gute Absicht der inneren Helfer
erkennen, desto leichter fällt es uns,
ihre Ratschläge zu akzeptieren
und uns positiv zu verändern.**

Krafttiere führen uns zu uns selbst

Oft verstehen wir die Botschaft der Krafttiere nicht sofort, und eine Auseinandersetzung wird notwendig. Nicht selten sträuben wir uns vorerst gegen ihre Ratschläge und verharren in unserer herkömmlichen Position, die uns vertraut ist, aber nicht weiter bringt. Sind wir zu besserwisserisch, kann die innere Reise an diesem Punkt scheitern. Dies kann auch dann geschehen, wenn das nötige Vertrauen in die Krafttiere fehlt, wir die ganze Arbeit kindisch finden und sie ablehnen.

Vertrauen wir jedoch dem inneren Vorgang, werden wir an den Punkt gelangen, wo uns nach einigem verbalen und gefühlsmäßigen Hin und Her plötzlich ein Licht aufgeht: Wir haben die Botschaft begriffen, sind bereit, sie auszuprobieren und siehe da, es geht uns danach eindeutig besser! Wir können uns gratulieren, denn wir waren bereit, etwas Gewohntes aufzugeben: ein festgefahrenes Gefühl oder eine reduzierte Sichtweise. Wir sind ein Stück gewachsen!

Übergewicht

Sophie, um die vierzig und übergewichtig, kam mit der Frage zu mir, was in ihr geschehen sollte, damit sie sich als schlanke Frau wohl fühlen kann. Im Gespräch stellte sich heraus, dass sie das Gefühl hatte, es würde sie nicht mehr geben, wenn sie abnähme. Hervor kam aber auch eine gewisse Angst, weiblicher und dadurch attraktiv zu werden. Sie erzählte, dass sie sich Männern gegenüber verunsichert fühlte und ihr der Boden unter den Füßen schwand, aus Furcht, sich von ihnen nicht abgrenzen zu können. Aufgrund ihrer Erfahrung mit dem »Familienstellen« nach Bert Hellinger, nannte sie als mögliche Erklärung, dass ihre Großmutter im Krieg vergewaltigt worden war.

>**Auf ihrer Reise** erschien eine Möwe. Sie wollte, dass Sophie sie auf ihrem Flug begleitete.
>Sophie (S.): »Wir fliegen übers Meer. Die Tiefe macht mir Angst! ... Jetzt sind wir wieder an Land. Die Möwe will mir das Fliegen beibringen, aber ich hab solche Angst vor der Tiefe!«
>Möwe (M): »Du kannst fliegen! Konzentrier dich auf *dich* und nicht auf die Tiefe.«
>*(Zeit verstreicht.)*
>S.: »Jetzt beginnt's Spaß zu machen! Das Meer wird heller und ich werde etwas waghalsiger. Ich spüre ganz deutlich meine alten Magenschmerzen, die mich jahrelang zum Essen getrieben haben. Der Schmerz ist wie das Gefühl eines ausgestanzten Loches im Bauch; es lässt mich fast zusammenbrechen.«
>*(Ich lasse die Möwe fragen, ob Sophie mehr über diesen Magenschmerz wissen müsse.)*
>M.: »Flieg einfach weiter! Ignoriere den Schmerz! Es nützt nichts, wenn du auf ihn Rücksicht nimmst!«

S. »Er hält mich wie Blei auf der Erde. Ich hab keine Kraft zum Fliegen.«
M.: »Schade!«
S. »Ich möchte diese Magenschmerzen loshaben und die Nackenschmerzen, die jetzt kommen, auch.«
M.: »Also, dann flieg!«
S. »Das ist unverschämt! Das ärgert mich! Ich fühle mich nicht besonders gut verstanden von der Möwe!«
M.: »Die Lösung liegt im Fliegen!«
(Zeit verstreicht.)
S. »Ich fühle mich im Fliegen mit den Magenschmerzen so plump. Sie behindern mich. Fühle mich wie Blei. Ich möchte doch frei und beweglich sein!«
M.: »Flieg doch einfach, dann spürst du, dass du leicht, frei und beweglich bist!«
S. »Jetzt merke ich, dass ich gar keine Möwe bin. Ich bin ein Schmetterling! Die Möwe bewundert mich, wie ich als Schmetterling fliege. Ich bin stolz. Fühle mich so anmutig. Diese Schwerelosigkeit! Es ist so wenig Material an mir! Ich möchte tanzen, lachen, Berührung mit anderen Schmetterlingen und Blumen. Ich brauche Lebensfreude. – Eben spüre ich aber auch meine Zerbrechlichkeit.«
M.: »Das kann ich verstehen. Als Möwe fühle ich mich schon wesentlich robuster.«
S. »Seitdem ich Schmetterling bin, sind die Magenschmerzen leichter geworden. – Was kann ich tun, um Schmetterling zu bleiben?«
M.: »Flieg weiter wie ein Schmetterling!«

Nach der Reise fühlte sich Sophie überglücklich. Sie war entzückt darüber, dass sie brillieren *durfte*, dass sie ihr ganzes Wesen zur Geltung bringen durfte. Sie empfand die Reise als inneren Wegweiser. Wir umarmten uns beseelt, und aus ihrer Kehle kullerten helle und erleichterte Lacher. Auf dem Tisch lag das Geschenk, das sie mir mitgebracht hatte: Kekse mit dem Namen *Butterfly!*

Der Magenschmerz, der sie übrigens seit dem 18. Lebensjahr gequält hatte, war nach einigen Tagen verschwunden. Das Essen wurde ihr weit weniger wichtig. Der Schmetterling begleitete sie nach wie vor: »Er hilft mir in meinem Gefühlsleben. Ich habe durch ihn ein Stück mehr zu mir gefunden, wer und wie ich bin. Schmetterling zu sein ist mein wahres Wesen, das hatte ich zuvor nie gesehen! Drei Monate später war ich bereit, abzunehmen, ohne Angst, dass es mich nicht mehr gibt, da ich ja jetzt den Schmetterling lebe. Die Magenschmerzen kamen zwar zurück, doch ich gab dem nagenden Schmerz nicht mehr nach. Die Schmerzen zeigen mir auf, wenn ich ›Möwenstress‹ lebe. Es ist heute lustvoller, mich als schöne Frau zu fühlen als zu essen!«

Sie nahm mühelos zehn Kilogramm ab.

Heilreisen können helfen, die Botschaft des Schmerzes zu verstehen.

■

**Oft ärgern wir uns darüber, wenn Krafttiere unsere Sichtweise verändern wollen.
Wir fühlen uns dabei nicht ernst genommen.
Dies ist jedoch der Moment, in dem wir die Chance erhalten, unser verzerrtes Auge ein wenig zu entspannen, unsere Sichtweise zu revidieren und damit ein eingefahrenes nutzloses Muster loszuwerden.**

Böse und hässliche Tiere

Schattenseiten und Wachstumsmöglichkeiten

Nicht immer ist es so, dass die Krafttiere – obwohl sie uns helfen – lieb und süß sind. In inneren Reisen wie auch in Träumen erscheinen manchmal Angst einflößende Tiere wie Schlangen, beißende Hunde und andere.

Wenn ein Krafttier der Ansicht ist, dass wir ein inneres Lebensgesetz missachtet haben, vom richtigen Weg abgekommen sind, das Krafttier verletzt oder in seiner Lebensart behindert haben, kann es auf uns böse sein. Im Traum sind wir diesem »bösen« Tier ausgeliefert. Sicher lohnt es sich, dieses Tier in einer Imaginationsreise zu besuchen und es zu fragen, weshalb es so verärgert ist.

Manchmal erscheint auch ein furchtbar hässliches Tier, vor dem man Abneigung oder gar Ekel empfindet – eine dick behaarte Spinne etwa oder ein Wurm. Auch hier lohnt es sich auf jeden Fall, dem Tier seine Gefühle mitzuteilen und hinzuhorchen, was es uns zu sagen, besser gesagt zu klagen hat. Denn Seiten, die wir in uns ablehnen, können sich in Form unschöner Tiere zeigen. Oft ist ihr Anliegen ganz einfach: Sie möchten angenommen werden, einen würdigen Platz erhalten und geachtet werden. Durch Mitgefühl oder Akzeptanz mit dem unschönen Wesen geschieht eine wunderbare Verwandlung des hässlichen Tieres in ein schönes.

Akzeptieren wir unsere Schwachstelle (= das hässliche Tier), verwandelt sie sich in eine positive Kraft (= in ein schöneres Tier).

Träume – die Bühne der Imagination

Ob wir wollen oder nicht, das Leben in seiner Mannigfaltigkeit hat eine Hintertür zu unserem Haus gefunden. Jede Nacht öffnet sich diese Tür, und ungefragt schleicht die Imagination herein. Bilder jeder Art manifestieren sich, wir nennen sie *Träume*.

So sind wir auf natürliche Weise jede Nacht mit der Imagination verbunden und ihr zugleich ausgeliefert. Denn in den Träumen führt unser Unbewusstes Regie und diktiert das Bühnenstück. Wir haben jedoch die Chance, uns nach Beendigung des nächtlichen Spektakels *aktiv* mit der Imagination zu verbinden und mit den Krafttieren den Traum zu besprechen.

Ein Beispiel:

> Eine Patientin quälte sich seit Jahren in ihren Träumen, ihr Ziel nicht zu erreichen: Der Zug war schon abgefahren, das Kofferpacken erwies sich als unmöglich und so weiter und so fort.
>
> Auf ihrer Heilreise wurde sie von einer weißen Schlange – die sich im Traum nie gezeigt hatte – dringlichst darauf aufmerksam gemacht, mehr auf ihre innere Stimme zu achten und sich mehr um sich selbst zu kümmern. Der Traum zeigte ihr, dass sie ihren Weg nicht ging, aber erst durch *die Kommunikation mit der Schlange* begriff sie seine Botschaft.

**Krafttiere helfen uns,
den Traum zu verstehen.**

Die Wahrnehmungsfähigkeit erweitern

Welche Erfahrungen oder Vorstellungen haben Sie bezüglich der Ganzheit? Als Homöopathin ist mir die Einheit von Körper, Geist und Seele als »ganzheitlich« vertraut. Aber ob das alles ist, was die Ganzheit ausmacht? Wohl kaum. Ein Schwan sagte mir einmal auf einer inneren Reise, er könne mich in die Ganzheit führen. Eine leise Ahnung davon, was Vollkommenheit sein könnte, gab mir auch die nachfolgend geschilderte Reise, in der ich ein Geschenk unschätzbaren Wertes erhielt, als ich zur Jahreswende eine Gruppe leitete.

Die Wahrnehmungsfähigkeit erweitern

Schon bei der Abendtoilette vor dem Jahreswende-Ritual erschien mir ein Bild. Eine Giraffe war präsent und forderte mich auf, zu fühlen. Sie sagte ganz einfach: »*Fühle!*« Ich war mitten im Zähneputzen, doch ich spürte, dass etwas ganz Wichtiges im Gange war, beendete rasch meine Reinigung, schloss sorgfältig die Zimmertür hinter mir und legte mich aufs Bett. Ich sah mich nun im Gruppenraum, in dem ich mich anderntags aufhalten würde, allein, im Yogi-Sitz ruhend. Im Raum herrschte Stille. Plötzlich merkte ich, wie unfassbar groß ich war. Gleichzeitig sah ich meinen physischen Körper weit unter mir, winzig klein, in sitzender Stellung ruhend. Ich hatte mich in meinem ganzen Leben noch nie in einer solchen Dimension wahrgenommen.

Die Giraffe hielt ihr Gesicht auf meiner Höhe und wiederholte: »*Fühle!*« Ich war ratlos, bemühte mich jedoch angestrengt, zu fühlen. Offen gesagt, ich fühlte aber überhaupt nichts, ich wusste ja gar nicht, worauf ich mich denn konzentrieren sollte. Sollte ich nach innen oder nach außen fühlen?

Trotz guten Willens war ich nicht befriedigend erfolgreich. Stattdessen tauchte die Befürchtung in mir auf, dass dies alles, was hier ablief, das Spiegelbild meines aufgeblasenen Egos sein könnte. Ich erzählte der Giraffe von meiner Not, worauf sie an mir herumzerrte. Ich interpretierte ihr Tun als Bestätigung für meine Vermutung. Da sah ich jedoch zu meiner Verblüffung, dass sie eine Hülle von mir riss, eine Fruchtblase, wie ich sie schon bei Tiergeburten gesehen hatte. Nun wusste ich: Es geschah eine Art Geburt einer neuen Wahrnehmungsfähigkeit – die Geburtsstunde eines erweiterten Bewusstseins. Ich war zutiefst berührt.

Die Krafttiere hatten mir zum Jahreswechsel ein Geschenk vermittelt, das überwältigender nicht hätte sein können!

Seither ist viel Zeit verflossen. Meine Wahrnehmung hat sich in der Tat verändert! Statt angestrengt zu überlegen und mich mit Entscheidungen herumzuquälen, suche ich die Antwort durch Fühlen.

Ich frage, warte und fühle.

Ganz egal, um welches Problem es sich handelt, ich hab mir längst angewöhnt, die Antwort zu fühlen.

Bin ich bei einer Abmachung etwas knapp in der Zeit, spüre ich in meinen Körper hinein, ob er mich zur Eile drängt oder ob in mir Gemächlichkeit vorherrscht. Fühle ich in mir Eile, dann weiß ich, die andere Person ist schon da, ich muss schnell hingehen. Nehme ich hingegen innere Ruhe wahr, lasse ich mir noch alle Zeit, denn ich kann mich darauf verlassen, dass die andere Person auch noch nicht eingetroffen ist. Ich habe das Vertrauen gewonnen, dass mir mein Bewusstsein genau die Information bringen wird, die ich benötige. Nie zuvor ahnte ich so klar und ergriffen, wie es sein könnte, ein wirklich *ganzer* Mensch zu sein.

Ein Wort zum Schluss

Die Arbeit an diesem Buch hat meine ohnehin schon intensive Auseinandersetzung mit den Krafttieren um ein Vielfaches gesteigert. Nun ist der Versuch, die unbeschreibliche Kraft der Krafttiere zu beschreiben, abgeschlossen. Das Walross, das ich während der ganzen Zeit kontaktierte und um Rat gebeten hatte, stellte mir in Sachen Schlusswort die Frage: »Was hat diese Zeit aus dir gemacht?«

Ja, was hat diese Zeit aus mir gemacht?

In dieser Zeit bin ich innerlich unglaublich gewachsen. Das Vertrauen in die Krafttiere (*und dadurch in das Leben*) hat wohl sein Maximum erreicht.

Unweigerlich damit verbunden ist die Sicherheit, in jeder Notlage Hilfe zu erhalten. Es ist die Gewissheit über eine geistige Kraft, die alles weiß und alles kann, und zu welcher ich über Krafttiere tatsächlich Kontakt aufnehmen kann.

Es ist auch die tägliche Erfahrung innerhalb meiner Arbeit, dass Verzweiflung zwar menschlich ist, aber eigentlich unnötig. Die Krafttiere haben mir in unzähligen Fällen gezeigt, wie sie Verzweifelte aus dem schwarzen Tal der Hoffnungslosigkeit zur Sonne hin führen.

Und zu guter Letzt verhalf mir die »Schlange der Unendlichkeit« in der Ewigkeit des Universums, das letzte Teilstück des Kreises zu schließen, das in meiner Verbindung zur Ganzheit noch fehlte.

Was hat dieses Buch bei Ihnen bewirkt?

Wo Krafttiere helfen können – Themen von A – Z

Krafttiere stehen in vielen Lebenssituationen, bei körperlichen und seelischen Beschwerden mit Rat und Tat zur Seite. Die folgende Auflistung ist nur eine Auswahl von Themen, in der Sie jedoch möglicherweise den ein oder anderen Begriff finden, der Sie zurzeit beschäftigt. Fühlen Sie sich ermuntert, in diesem Fall Kontakt mit den Krafttieren aufzunehmen – wie in diesem Buch geschildert – und ihre Anregungen und Botschaften zu empfangen! Bei schwerwiegenden Beschwerden sollten Sie jedoch in jedem Fall die Hilfe einer Fachperson in Anspruch nehmen (siehe auch Hinweis auf Seite 4).

Zu den meisten der im Folgenden genannten Symptome habe ich in meiner Praxis Erfahrungen gesammelt. Zu den *kursiv* geschriebenen Begriffen finden Sie unter der entsprechenden Seitenangabe auch Fallbeispiele in diesem Buch.

Wenn Sie selbst damit beginnen, mit Krafttieren zu kommunizieren, möchte ich Sie auch auf die Seiten 133 bis 141 »Eigene Notizen« aufmerksam machen.

A

Abgrenzungsschwierigkeiten 49, 117
Aggressionen 94 ff.
Allergien
Angina
Ängste 49, 50, 84 ff., 91 ff., 98 f., 117 ff.
Antibiotika, negative Folgen von
Asthma
Atemprobleme
Aussehen, Leiden unter dem 47

B

Beklemmungsgefühl
Berufswahl, Hilfe bei
Bettnässen 63 ff.
Beziehungslosigkeit
Blasenentzündung 57 ff.
Bronchitis
Burn out

C

Colitis ulcerosa (Dickdarmentzündung bzw.
– Geschwür)

D

Demütigung, Folgen von 57 ff.
Depression
Dunkelheit, Angst vor
Durchsetzungsfähigkeit, Mangel an 110 ff.
Dyskalkulie (Rechenschwäche)

E

Eifersucht
Ekzem 68 f., 77 ff.
Entscheidungsprobleme
Enttäuschung
Entwicklung, innere bzw. Wunsch nach
Erregbarkeit, übermäßige 48 f.
Erröten
Erschöpfung 27 f.
Existenzängste 106 ff.

F

Familienprobleme
Fieber
Flugangst 72
Freudlosigkeit 113 ff.

G

Geburt, Angst vor 75 f.
Geburt, Verarbeitung der Geburt
Gedanken, schlechte/negative
Gewalttätigkeit, Tendenz zu
Gewissen, schlechtes 69 ff.

H

Haarausfall 33 f.
Halsschmerzen
Hassgefühle
Hautausschlag 68, 77 ff.

Heimweh
Helfersyndrom
Herzprobleme
Heuschnupfen
Hoffnungslosigkeit 106 ff.
Husten

I J

Identitätssuche, Hilfe bei 109 f., 117 ff.
Interesselosigkeit

K

Kieferhöhlenentzündung 32
Kinder, Probleme von/mit Kindern 83 – 104
Kinderlosigkeit, ungewollte
Kommunikationsprobleme
Konzentrationsprobleme 87 ff.
Kopflastigkeit
Kopfschmerzen 62, 93

L

Lampenfieber
Lebenskrise 106 ff.
Leere, innere 57 ff., 106 ff.
Legasthenie
Lernprobleme 91 ff.
Lethargie
Liebeskummer 57 ff.
Loyalitätskonflikt 111 f,
Lustlosigkeit

M

Magersucht
Menstruationsprobleme
Midlife crisis
Migräne
Mobbing, Beschwerden durch
Morbus Crohn (entzündliche Darmerkrankung)
Morbus Sudeck (schmerzhafte Verletzungsfolge im Gliederbereich)
Motivationslosigkeit
Müdigkeit

N

Nägelkauen
Neid
Nervosität
Neurodermitis 68 f.

O

Oberflächlichkeit
Ohnmacht, Neigung zur
Ohrschmerzen
Operation, bevorstehende und Hilfe für
Opferrolle

P

Panik
Poliarthritis
Prüfungsangst 91 ff.
Pubertät, Probleme in der

R

Rachegefühle
Rheuma
Rückenschmerzen
Ruhelosigkeit (auch bei Kindern) 87 ff.

S

Schlaflosigkeit
Schmerzen aller Art 57 ff., 60 ff., 70 ff.
Schock, Nachwirkung von
Schüchternheit 49
Schule, Probleme in der 91 ff.
Schuppenflechte (Psoriasis)
Schwangerschaft, Probleme während der 74 ff.
Schwangerschaft, Übelkeit bei
»Schwarz sehen«
Schweiß, übermäßiger
Schwindel
Selbstliebe, mangelnde 110 ff.
Selbstvertrauen, mangelndes
Sexualität, Probleme mit
Sinnsuche 106 ff.
Skoliose
Suchtgefährdung

T

Tagträumen
Tier, Angst vor dem 98 f.
Todesfall, Hilfe bei
Trägheit
Träumen, Fragen zu 121 f.

U

Überempfindlichkeit
Übergewicht 117 f.
Unentschlossenheit
Unfall, Neigung zu bzw. Beschwerden durch
Ungerechtigkeit, Beschwerden durch
Untergewicht

V

Verbitterung 113 ff.
Vergesslichkeit
Verhaltensprobleme 94 ff.
Verletzungen, seelische
Versagensängste 91 ff.
Verstopfung

W

Wachstumswunsch, innerlicher
Warzen
Wechseljahre, Beschwerden durch
Wut 48 f.

XYZ

Zufriedenheit, Sehnsucht nach innerer

Eigene Notizen

Die folgenden Seiten geben Ihnen die Möglichkeit, zu unterschiedlichen Themen mit Krafttieren Ihre ersten Notizen zu machen. Natürlich können Sie sich darüber hinaus auch ein spezielles »Reisebuch« anlegen oder etwas anderes, was Ihnen Freude macht und Sie bei der Krafttier-Arbeit unterstützt. Die Erfahrung zeigt: Schriftliche Aufzeichnungen vertiefen die inneren Erlebnisse und gewonnenen Erkenntnisse und helfen dabei, die eigene Reise nochmals reflektieren zu können.

Wenn ich mich frage: »Wo stehe ich zurzeit in meiner inneren Entwicklung?« – welches Krafttier taucht auf und was hat es mir zu sagen?

Wichtige Themen, zu denen ich mich demnächst auf eine Krafttier-Reise einlassen möchte:

Welche körperlichen Beschwerden möchte ich mit Hilfe der Krafttiere lindern lassen?

Bei welcher wichtigen Entscheidung soll mir ein Krafttier helfen?

Kernsätze der Krafttiere, die ich auf keinen Fall vergessen will:

Kurzerfahrungen mit inneren Bildern, die z.B. beim Lesen aufgetreten sind und auf eine Vertiefung warten:

Wesentliche Gedanken aus dem Buch, die ich mir einprägen will:

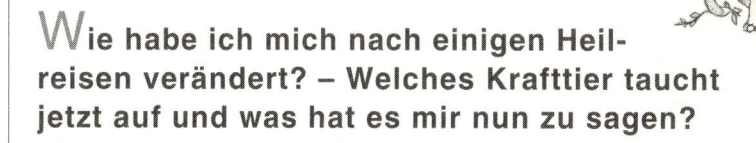

Wie habe ich mich nach einigen Heilreisen verändert? – Welches Krafttier taucht jetzt auf und was hat es mir nun zu sagen?

Diese Geschichte muss einfach noch sein ...

Wenn es beim Schreiben dieses Buches mal nicht so recht weitergehen wollte, ich müde wurde, und der entscheidende Geistesblitz ausblieb, rief ich meine Krafttiere. Einmal erschien ein Winzling von einem Hund. Er konnte kaum aus den Augen schauen vor lauter Fell, aber er platzte fast vor Lebendigkeit und Lebensfreude. Er rannte umher, sprang zu meinem Gesicht hoch, leckte meine Wangen, die Nase – alles, was ihm gerade unter die Zunge kam. Er forderte mich mit unüberhörbarem Bellen auf, ihm Stöcke zuzuwerfen und mit ihm herumzutollen. Dieser sprühenden Energie konnte ich nicht widerstehen! Ich lachte und warf schließlich all die Stöcke, die er fliegen sehen wollte.

Innerhalb kürzester Zeit fühlte ich mich wie ein anderer Mensch und setzte mich mit neuer Leichtigkeit und Frische an die Fortsetzung meines Werkes, das zwar fertig wurde, aber nie beendet sein wird. Denn jedes Ende ist ein neuer Anfang, zieht immer neue Kreise und Geschichten – eben wie das Leben selbst.

Adressen

Wenn Sie weitergehende Fragen zur Arbeit mit Krafttieren haben, sich für Vorträge oder Seminare über Imagination und Heilreisen interessieren, nehmen Sie bitte Kontakt mit der Autorin auf:

Patricia Rüesch
Schule für angewandte Imagination
Bundesstraße 36
CH-6003 Luzern
Tel.: 0041 (0)41/210 09 79
pat.rueesch@bluewin.ch
www.krafttier-heilarbeit.ch

Patricia Rüesch bietet darüber hinaus auch Ausbildungen zur Krafttier-Heilarbeit und feinstofflicher Medizin an. Nähere Informationen über die Website oder die oben genannte Adresse.

Weitere Informationen zur Arbeit mit Krafttieren (The Personal Totem Pole Process) finden Sie im Internet:

Deutschland: Corinna Veit: www.tiefeimagination.de
Schweiz: Christian Lerch: www.christian-lerch.ch
  Georg Kissling: www.erfahrungsheilkunde.ch (Totem Pole)
Österreich: Raffaella Romieri: www.anim.at
USA: Eligio Stephen Gallegos: www.deepimagery.org,
  www.moonbearpress.com (International Institute for Visualisation Research, USA)

Auf Safari zu sich selbst

Diana Guerrero
Tiere wissen mehr
Wie sie unsere Seele berühren und
was sie uns lehren
Aus dem Englischen von Eva Ploes
(Originaltitel: What animals can teach
us about spirituality)
208 Seiten. Mit Fotos von
Hans Reinhard. Gebunden

ISBN-10: 3-466-36705-0
ISBN-13: 978-3-466-36705-4

Ob es der Blick vertrauensvoller Hundeaugen ist oder der kraftvolle Sprung eines Delfins – Tiere öffnen unser Herz. Denn sie haben Qualitäten, die wir uns für das eigene Leben wünschen. In diesem Buch treffen Sie auf Ihre liebsten Haustiere ebenso wie auf faszinierende Wildtiere. Sie zeigen den Weg zu innerer Stärke, bedingungsloser Liebe, zu einem Leben in Harmonie mit der Natur und einer Verbindung zum Göttlichen.

Kompetent & lebendig.
PSYCHOLOGIE & LEBENSHILFE

Kösel-Verlag, München, e-mail: info@koesel.de
Besuchen Sie uns im Internet: www.koesel.de